W0294809

O pequeno grande livro da ALQUIMIA

Francis Melville

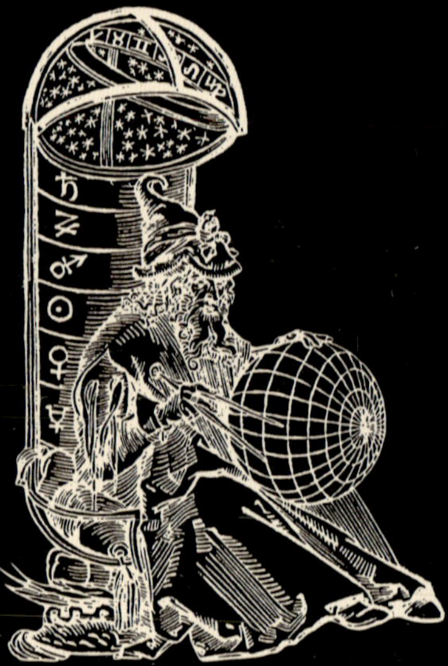

O que está por cima é o que está por baixo.
E o que está por baixo é o que está por cima.

A Tábua de Esmeralda

O PEQUENO GRANDE LIVRO DA

ALQUIMIA

Aprenda os segredos da alquimia
para transformar corpo, alma e mente

EDIÇÕES
ASA

Título original: *The Book of Alchemy*
© 2002 Quarto Inc.

Este livro foi concebido e produzido por
Quarto Publishing plc – Londres

Autor: Francis Melville
Direcção gráfica: Moira Clinch
Arranjo gráfico: Penny Dawes
Redacção: Claire Haworth-Maden
Fotografia: Les Weis
Coordenação editorial: Nadia Naqib
Coordenação gráfica: Karla Jennings

Versão portuguesa
© 2002 ASA Editores II, S.A. – Portugal
Tradução: Andreia Machado
Fotocomposição e paginação: João Nuno Bastos

1.ª edição: Setembro de 2002
Depósito Legal n.º 180200/02
ISBN 972-41-3013-4

Impresso na China

Reservados todos os direitos

ASA Editores II, S.A.

SEDE

Av. da Boavista, 3265 – Sala 4.1
Telef. 226166030 Fax: 226155346
Apartado 1035 / 4101-001 PORTO
PORTUGAL

E-mail: edicoes@asa.pt
Internet: www.asa.pt

DELEGAÇÃO EM LISBOA

Horta dos Bacelos, Lote 1
Telef.: 219533800/09/90/99 Fax: 219568051
2695-390 SANTA IRIA DE AZÓIA
PORTUGAL

ÍNDICE

INTRODUÇÃO

A Alquimia foi sempre uma arte misteriosa, mesmo obscura. As suas origens estão envolvidas em mistério e emersas em mitos e lendas. Até mesmo a origem da palavra Alquimia é incerta. Há três possibilidades principais, cada uma delas esclarecendo o seu propósito e origens. A primeira deriva de *Khem,* o nome nativo do Egipto, com o prefixo árabe *al*. A segunda, da palavra grega *chemeia,* que significa a arte de fundir metal e, a terceira, da palavra *chumeia,* outra palavra grega que significa a arte de extrair sumo ou propriedades medicinais das plantas. A primeira explicação tem sido a predilecta, mas não há consenso no significado de *Khem*. Pensa-se que significaria preto, sendo, assim, o Egipto a Terra Negra, uma alusão aos sedimentos fluviais negros, que durante milénios foram trazidos pela corrente do rio Nilo e que, anualmente, inundavam as planícies do Norte, antes da construção da Barragem de Assuão. Alguns estudiosos defendem que *Khem* deriva, na verdade, de uma palavra que significava sábio. A Alquimia seria assim a arte da Terra dos Sábios ou a arte sábia.

A palavra Alquimia, qualquer que seja a sua origem, é conhecida pela maioria das pessoas e, no entanto, permanece como a mais misteriosa de todas as tradições de saber esotérico. Os historiadores da ciência, até recentemente, consideravam a Alquimia como a percursora da Química moderna e os alquimistas como praticantes de uma pseudo ciência ilusória que, no entanto, estabeleceu alguns factos científicos úteis no decorrer das suas experiências. Mas que dizer de todos os príncipes, santos, papas e rainhas que praticaram esta arte? E sobre cientistas tão proeminentes como Isaac Newton, Robert Boyle e Jan Van Helmont?

O MACROCOSMOS E O MICROCOSMOS

O Macaco da Arte recebe o Fogo Invisível através da Dama Natureza das mãos de Deus. Assim, possui os instrumentos para imitar a natureza e realizar trabalhos maravilhosos.

Vai em frente pequeno Livro, pois mesmo sendo pequeno,
possuis em ti o que não se encontra
em todos Eles.
O BREVIÁRIO DA FILOSOFIA NATURAL

MARIA, A JUDIA

Maria, a Judia, a lendária alquimista, aka Maria Probetissa, aponta para o casamento místico da alma e do espírito, simbolizado no cruzamento das águas descendentes do céu com as águas ascendentes da terra.

A pedra filosofal

O grande objecto de contenda na plausibilidade da Alquimia é uma substância misteriosa chamada *A Pedra Filosofal*. Os métodos de confecção desta "pedra" ocupam a base reconhecida da grande maioria dos textos alquímicos. Esta "pedra da sabedoria" supostamente transforma metal básico em ouro do mais puro. Nem em sonhos, afirmam os cépticos racionais, e quem os pode culpar? É muito mais simples aceitar a ideia que o objecto verdadeiro de tal transmutação é o próprio alquimista, do que acreditar que A Pedra Filosofal, na verdade, representa o perfeito iluminismo espiritual. A obtenção do iluminismo é equiparada à santidade, o mais alto chamamento de todas as religiões. Os milagres parecem acontecer na presença de santos. Será que tais milagres podem incluir a transmutação?

O que dizem os próprios alquimistas da sua arte? O autor anónimo da influente *Sophic Hydrolith* ("O Esmoril dos Sábios"), de 1619, diz-nos o seguinte: "... a prática desta arte permite-nos compreender, não apenas as maravilhas da Natureza, mas a própria natureza de Deus. Projecta, de uma forma maravilhosa, a sombra ... de todos os princípios da fé cristã, e a razão por que o homem deve ultrapassar muito sofrimento e angústia e ser presa da morte, antes de poder erguer-se para uma nova vida".

Os alquimistas reconhecem a sua arte como uma ciência sagrada que desvenda os segredos da Natureza, conduzindo aquele que procura sinceramente, à união com o divino. Esta união dá-se através da preparação da Pedra Filosofal, que supostamente transforma metais básicos em ouro, e o Elixir da Imortalidade. Uma pista para a natureza da pedra pode ser encontrada em um dos seus nomes alternativos – *Azoth*, do árabe (fonético) *ez-zat*, que significa essência. Os alquimistas acreditam que existe uma essência intrínseca nos humanos, perdida desde a Queda, simbolizada pela expulsão de Adão e Eva do Jardim do Paraíso. A Grande Obra do alquimista é redescobrir essa essência, libertá-la das suas amarras, e purificá-la.

Alquimia e misticismo

Muitos dos grandes alquimistas ensinam-nos que, para se merecer encontrar a pedra, tem de se desenvolver a piedade apropriada. Tal como afirma Basílio Valentim:

"Primeiro, deve-se invocar Deus, fluindo das profundezas do coração puro e sincero, a consciência deve ser libertada de toda a ambição, hipocrisia e vício, assim como de todos os defeitos intrínsecos, como a arrogância, atrevimento, orgulho, luxo, ostentação terrena, opressão dos pobres e maldades similares, que devem ser completamente arrancados do coração – pois, quando alguém aparece diante do Trono da Graça, para recuperar a saúde do seu corpo, pode vir com a consciência povoada de todas as pragas, e ser transformado num puro templo de Deus, limpo de tudo o que corrompe."

Um tal chamamento à santidade, típico da literatura alquímica, revela que uma certa reverência mística é parte essencial da imagem de um alquimista. Na verdade, pode-se afirmar que a Alquimia de laboratório representa a aplicação dos princípios religiosos místicos no plano físico, para demonstrar que tudo é na verdade uno. A lei do paraíso é a lei da Natureza. A Química parece ter tomado conta da Alquimia quando a ciência se divorciou da religião, durante o século XVII. Até aí eram uma só. E, para os alquimistas, ainda são.

Explorar os mistérios da Alquimia

Na nossa tentativa de compreender a Alquimia deveremos explorar as suas crenças religiosas e filosóficas. Debruçar-nos-emos sobre a sua história, algumas das personalidades mais significativas e tentaremos decifrar a natureza da Grande Obra. Tanto quanto possível, deixaremos os próprios alquimistas falarem da sua própria arte. É necessário realçar que isto não será um exercício de história cultural. A Alquimia clássica é uma tradição viva, praticada, no presente, em todos os continentes. Não é necessário montar um laboratório para beneficiar das profundas percepções alquímicas, da natureza da realidade e das negritudes da alma humana. Muitos, possivelmente, a maioria dos alquimistas genuínos, desde o início do século XVII, que se centraram na Obra Interior da transformação pessoal. Espera-se que este livro sirva de introdução, suficientemente fascinante, para encorajar alguns a explorar mais profundamente os mistérios da Alquimia.

A SENHORA ALQUIMIA

A Senhora Alquimia, a Amante da Arte, embala a preciosa quintessência, separada da terra "gentilmente e com grande ingenuidade" (A Tábua de Esmeralda).

O SIMBOLISMO É UMA FORMA INSPIRADA DA IMPRESSÃO ARTÍSTICA. É A ROUPAGEM QUE O ESPÍRITO PEDE EMPRESTADO À MATÉRIA PARA TER SIGNIFICADO.

Simbolismo Alquímico

O aspecto que mais se destaca dos trabalhos alquímicos é a riqueza visual que os ilustra. Os exemplos escolhidos neste livro fornecem uma impressão da poderosa expressão artística usada pelos alquimistas para transmitir os segredos da sua Arte. Muitos são do sec. XVII, quando a evolução do processo de impressão permitiu a editoras notáveis a reprodução das gravuras, que acompanhavam os textos alquímicos, em chapa de cobre. Estas ilustrações são, muitas vezes, o ponto fulcral da obra, mesmo quando o texto que as acompanha parece, à primeira vista, ter pouca ligação. Alguns trabalhos alquímicos importantes, como o *Mutus Liber* (O Livro Mudo), de 1677, não têm qualquer texto, revelam-se apenas através de imagens.

A imagética alquímica é extraordinariamente rica. Para além do Tarô, nascido desta tradição, não há provavelmente qualquer outro sistema esotérico com tamanha amplitude de símbolos visuais. O simbolismo é uma forma de impressão artística inspirada. Os símbolos podem activar respostas guardadas bem fundo no nosso interior. Neste sentido, eles "funcionam," quer os entendamos intelectualmente ou não. A contemplação das figuras simbólicas deste livro pode revelar-lhe mais sobre a natureza da Alquimia que a leitura de muitos textos. O impacto de uma imagem pode atingi-lo daquela forma penetrante, tão inquietante quanto inspiradora, que lhe mostra que é conhecido; que a sua história está intimamente ligada à História; que o universo entende. Isto é Alquimia.

Pode descobrir que as acções do alquimista na "matéria base" se reflectem em si. O simbolismo alquímico pode produzir efeitos interiores subtis que provocam abruptas mudanças de consciência. Pode acordar os dragões que guardam os tesouros da alma. Deveremos ser cuidadosos para não os antagonizar ou poderão desfazer-nos em pedaços. Notaremos que muitos dos temas simbólicos envolvem lutas de amor e separação, morte e ressurreição. A Alquimia partilha estes temas com o Shamanismo, Cristianismo e com as antigas religiões de mistério do Mediterrâneo. O iniciado é rasgado pelas forças em conflito, ocorrendo

uma morte simbólica, mas psicologicamente muito real, antes de ressuscitar.

Os textos alquímicos falam através de enigmas misteriosos. Neste livro tentaremos estabelecer os princípios em que estão baseados e descobrir algumas das verdades nuas das suas roupagens simbólicas. As minhas interpretações devem apenas ser entendidas como sugestões. Espera-se que adquira os instrumentos necessários para encontrar o seu próprio significado.

TEMAS CHAVE ALQUÍMICOS

As gravuras 1 e 2 (em cima à esquerda e à direita respectivamente) ilustram os quatro estádios principais da Grande Obra. A cobra na gravura 3 (em baixo à esquerda) representa os três princípios do enxofre em bruto, mercúrio e sal ou sal, espírito e corpo. O dragão na gravura 4 (em baixo à direita) representa a perigosa natureza baixa e volátil que deve ser transcendida.

CAPÍTULO I

BREVE

o, o subtil do vulgar

HISTÓRIA DA ARTE

A Alquimia ocidental tem uma história longa e bastante acidentada que se estende até às brumas da pré-antiguidade. Começaremos esta secção histórica com uma resenha sobre Hermes Trismegisto, o lendário fundador, e seguiremos as linhas de transmissão dos alquimistas islâmicos à Europa Medieval, até chegarmos ao presente. Delinearemos os desenvolvimentos mais importantes nos últimos dois mil anos e descobriremos que a Alquimia, hoje em dia, está viva e de saúde, com os adeptos modernos a redescobrir e desempenhar alguns dos trabalhos mais importantes e difíceis. Ao longo do capítulo, encontraremos episódios estranhos e misteriosos e conheceremos alguns dos seus praticantes mais proeminentes.

VENDO ATRAVÉS DO VÉU

O peregrino extasiado rompe o véu do mundo material, do qual até as estrelas visíveis fazem parte, e percepciona a obra gloriosa dos céus.

HERMES "TRÊS VEZES GRANDE" OU HERMES TRISMEGISTO É TRADICIONALMENTE CONSIDERADO UM GRANDE SÁBIO DO EGIPTO PRÉ-DILUVIANO E UM DOS PRIMEIROS ELOS NA CADEIA DE ADEPTOS DIVINAMENTE ILUMINADOS, ONDE SE INCLUEM ZOROASTRES, ENOCH, MOISÉS, PITÁGORAS E PLATÃO.

Hermes Trismegisto

Hermes, três vezes grande ou Hermes Trismegisto é o lendário génio da Alquimia, a razão porque os alquimistas se auto intitulam como filhos de Hermes e existem lendas suficientes em volta da sua identidade para preencher um livro inteiro. Consideremos dois dos seus aspectos mais importantes.

Tote

Os antigos Egípcios conheciam Hermes Trismegisto como Tote, a personificação divina da sabedoria, representado como escriba dos deuses com cabeça de íbis, o inventor dos hieróglifos, o patrono das ciências sagradas da Geometria, Matemática, Astronomia, Medicina e, acima de tudo, da Alquimia. Tote existe em todos os níveis do ser. Serve os deuses, mas também os precede. Na verdade, ele deu-lhes vida. Ele é o mágico do arco criador de seres, a palavra de Deus em acção. Basta-lhe nomear algo e esta floresce para a vida, "com roupagens de ser".

O Hermes Egípcio

Os Gregos identificavam o seu deus Hermes como sendo um aspecto de Tote, a razão porque o apelidaram de Hermes Trismegisto (três vezes grande) em reconhecimento ao seu estatuto, embora a lenda também aponte para a existência de três Hermes históricos separados.
O Hermes grego é o mensageiro dos deuses, que liga o céu, em cima, com a terra, em baixo.

CASAMENTO DO SOL COM A LUA

Hermes aponta para o casamento de Sol e Lua. O fogo criativo, que funde a união de duas polaridades, dá origem ao Universo.

É o deus ambivalente das encruzilhadas, sendo tanto um guia como enganador e patrono tanto dos mercadores como dos ladrões. O deus romano correspondente é Mercúrio e os alquimistas muitas vezes referem-se a Hermes Trismegisto como *Mercury* ou *Mercurius*. Como veremos, a palavra mercúrio aplica-se a muitas coisas diferentes que exemplificam o grande mistério da vida.

A Hermética

Atribui-se a Hermes Trismegisto um corpo de textos conhecidos como *Hermética*, ou *Corpus Hermeticum*. Acreditava-se que estes textos seriam realmente muito antigos. Apenas no sec. XVII se estabeleceu que estes, tal como nos chegaram, foram escritos em Alexandria durante os três primeiros séculos da era Cristã, embora possam ter sido reproduções de manuscritos mais antigos. Alguns deles foram traduzidos por intelectuais árabes a partir dos manuscritos gregos e coptas e introduzidos na Europa pelos Mouros de Espanha durante o sec. XII. O texto principal, no entanto, não foi traduzido até 1471, quando Cosimo de Medici, o grande patrono do Renascimento florentino, deu instruções a Marsilio Ficino para interromper a tradução de Platão para traduzir para Latim textos da *Hermética* em Grego, que obtivera em Bizâncio.

A evolução da imprensa até então permitiu a rápida distribuição da *Hermética* por toda a Europa. O seu impacto na Filosofia renascentista foi enorme. São escritos teológicos, filosóficos, científicos e médicos antigos de uma beleza extraordinária, com poder intelectual e autoridade espiritual, nos quais Judeus, Cristãos e Muçulmanos podiam encontrar confirmações, amplificações e refinamentos dos seus próprios ensinamentos sagrados. O mito da criação transforma-se em algo mais rico, mais detalhado, uma alegoria expressiva, um processo alquímico temeroso. Hermes descreve os humanos como um "grande milagre", capazes de atingir o divino individualmente, transcendendo os estados de ser que os separavam. Os humanos são dignificados como sendo verdadeiramente feitos à imagem de Deus, o microcosmo que reflecte

A TÁBUA DE ESMERALDA

A Montanha Alquímica encerra os segredos da Tábua de Esmeralda. Desta montanha corriam os elementos primários, fogo e água. O ambiente rural salpicado de igrejas e outros sinais de vida humana é típico das imagens alquímicas do sec. XVII.

o macrocosmo. Tudo na criação é reflectido neles, que assim têm à sua disposição todos os instrumentos que precisam para atingir o seu destino divino, caso escolham aceitá-lo.

A tábua de esmeralda

O texto mais famoso atribuído a Hermes Trismegisto é *A Tábua de Esmeralda* ou *Tabula Smaragdina*. Existem tantas lendas sobre este texto como em volta do próprio Hermes. Inscrito numa pedra verde, pressupõe-se ter sido descoberta por Sara, a mulher de Abraão, por Alexandre Magno ou por Apolónio de Tiana, o sábio do sec. I. A primeira versão conhecida encontra-se num texto do alquimista islâmico do séc. VIII Jabir ibn

Hayyan ("Segundo Livro dos Elementos da Fundação", Holmyard), que aponta Apolónio como fonte. As versões medievais em Latim da *Tábua de Esmeralda* remontam à Espanha mourisca do séc. XII, o primeiro texto hermético a chegar ao Ocidente. *A Tábua de Esmeralda*, para os não iniciados, apresenta-se como um enigma confusamente oculto, mas foi sempre tida na mais alta consideração pelos verdadeiros alquimistas, que a consideravam como o mais perfeito resumo dos princípios criativos do Universo. A versão em baixo é baseada em várias traduções latinas e inglesas.

Esta é a verdade, a verdade toda e incontestável,
Sem uma palavra de mentira.

O que está em cima é o mesmo que está em baixo,
E o que está em baixo é o mesmo que está em cima.
Esses são os milagres consumados do Uno.

E, como todas as coisas derivam do Uno, através da sua mediação,
Também tudo é criado à imagem dessa Coisa Una através da adaptação.

Sol é o seu pai; sua mãe a Lua.
O vento transporta-a no seu ventre; a Terra alimenta-a.

Gera todas as maravilhas do Universo.

O seu poder completa-se quando retorna à Terra.

Separe a Terra do Fogo, o subtil do vulgar,
Gentilmente e com grande ingenuidade.

Ascende da Terra aos Céus e retorna à Terra,
Combinando os poderes superiores com os inferiores.

Assim atingirás a glória do Universo
E toda a obscuridade fugirá de ti.

Este é o poder de todos os poderes,

Para isso ultrapassa todas as coisas subtis
E penetra em todas as coisas sólidas.

Assim foi criado o mundo.

E assim virão novos trabalhos,
Pois este é o processo.

Por isso me chamo Hermes Três vezes Grande,
Porque sou o mestre dos três princípios da
Sabedoria universal.

Isto conclui o que tenho a dizer
Sobre a obra do Sol.

O *caduceu*

A Varinha de Hermes, também conhecida como *caduceu*, é composta por duas serpentes entrelaçadas em redor de um pilar ou vara central. A varinha acaba normalmente em asas, uma coroa ou a flor-de-lis.

Caduceu deriva de uma palavra que significa "mensageiro" e nasce de Hermes no seu papel de mensageiro celestial. Contém em si uma importante mensagem para a Humanidade. As serpentes entrelaçadas representam todos os princípios opostos em jogo no universo evidente: masculino/feminino, Sol/Lua e Enxofre/Mercúrio. A varinha central representa a transcendência, a coroa a autoridade divina e a flor-de-lis a Trindade.

O *caduceu* é um símbolo antigo. A primeira versão conhecida tem cerca de cinco mil anos. É um símbolo de paz, protecção e cura e é usada, até hoje, como símbolo médico. Acima de tudo, é o símbolo da unidade conseguida através da reconciliação dos opostos. Aparece em várias tradições e uma das suas expressões mais significativas encontra-se no Ioga.

Alquimia e ioga

O Ioga é um sistema de filosofia hindu devotado à união mística do eu com um ser supremo. A Alquimia, por ter a mesma finalidade é, muitas vezes, descrita como o "Ioga Ocidental". O Ioga usa exercícios físicos e mentais para atingir um estado de consciência completa e tranquilidade. Identifica canais de energias subtis, conhecidos por *nadis*, no interior do corpo. Dois destes *nadis* correm num canal central em redor da espinha dorsal. O *nadi* vermelho, o *pingala*, é masculino, solar e aquecido pela Natureza e corre do testículo esquerdo (ou do lado esquerda da vulva nas mulheres) até à narina direita. A natureza do *nadis* azul-claro, *ida*, é oposta ao *pingala:* é feminina, lunar e fresca, correndo do testículo direito (ou lado direito da vulva) até à narina esquerda. A coluna central, *susumna*, contém em si o equivalente à *pingala* e *ida*. Na sua essência é *Brahma-nadi*, o canal da consciência suprema no interior do indivíduo.

OS CHAKRAS

Os dois nadis, *o* pingala *e a* ida *sopram em redor do eixo central dentro do corpo subtil. Os* chakras *representam os pontos atravessados pelos nadis.*

A analogia entre o *nadis* e o caduceu é imediatamente perceptível. *Pingala* e *ida* correspondem ao enxofre e mercúrio, os princípios masculino e feminino dentro de todos nós, independentemente do nosso sexo. O *Brahma-nadi* equaciona o fogo secreto na Alquimia, que os alquimistas pretendem localizar tanto interiormente como nas substâncias que trabalham. Os pontos que a *nadis* atravessa são centros de energia interiores, também conhecidos por *chakras*. Ao equilibrar conscientemente a *pingala* e *ida*, o praticante de Ioga tenta acordar o poder da serpente *(Kundalini)*, a energia serpenteada que "dorme" na base da espinha dorsal. Esta energia, quando desperta, eleva a *nadi susuma* e abre os *chakras*. Quando o poder da serpente atinge o *chakra* mais alto, o praticante experiência o êxtase da consciência suprema de *Brahman*, o indestrutível, a consciência absoluta do Universo.

Este é um dos grandes segredos abertos da Alquimia: a varinha que Hermes segura nas mãos é o meio para atingir a união com o absoluto. No entanto, não é facilmente atingível e é necessária atenção redobrada, prática, compromisso e fé. Deve-se começar por ligar conscientemente enxofre – mercúrio /os canais *pingala – ida* consigo próprios, através de uma combinação de exercícios respiratórios e da visualização.

O vento carrega-o no seu ventre

Primeiro, sente-se confortavelmente, com as costas direitas, relaxe e respire regularmente. Agora focalize-se nos *chakras* enviando o ar mentalmente para as áreas do corpo marcadas na figura, respirando primeiro várias vezes para o *chakra* mais baixo e gradualmente subindo ao longo da coluna. Pode não sentir directamente estas zonas dentro do seu corpo, mas, após alguns dias, o exercício torna-se familiar, os *chakras* começam a responder e será capaz de os sentir.

Depois de respirar para os *chakras*, focalizando-se na inalação através da narina direita, se for homem, ou pela narina esquerda, se for mulher, fechando a outra narina com um dedo, se ajudar. Inale do fundo dos seus pulmões e imagine que a respiração segue o curso do *pingala* ou canal enxofre, se for homem, ou a *ida* ou canal mercúrio, se for mulher. Então, transfira a sua atenção para a outra narina e deixe a sua respiração seguir o curso do canal oposto. Pratique estes procedimentos durante alguns minutos duas vezes por dia. Dentro de pouco tempo será capaz de respirar do fundo dos canais e sentirá a energia seguindo a respiração e serpenteando pelos *chakras*.

Em seguida, tente concentrar-se em ambos os canais do poder da serpente ao mesmo tempo. Quando puder imaginar os dois canais de energia elevando-se simultaneamente e senti-los passar pelos *chakras* com energia, estará no bom caminho para atingir a equilíbrio interno. Deve lembrar-se, no entanto, que este é um exercício poderoso que pode libertar energias bloqueadas, na forma de emoções e tensões, no interior do corpo. Por esta libertação hipoteticamente ser perturbadora, seja gentil e não force as coisas. Nunca pratique este exercício sob a influência de drogas psico-activas ou arriscar-se-á a sofrer potenciais retrocessos severos. Tenha fé. Cada respiração é uma inspiração, cheia de energias divinas. Cada expiração é uma morte, uma capitulação de energia usada.

A arte hermética entrou facilmente no mundo espiritual do Islão. Este esteve sempre disponível para aprender com as artes pré-islâmicas que fossem classificadas como *hikmah* ("sabedoria"), uma herança de profetas anteriores.

Alquimia Islâmica

AVICENA, O "PRÍNCIPE DOS MÉDICOS"

O alquimista persa Avicena indica como o volátil pode ser fixado e o fixo tornado volátil. O livro debaixo do seu braço é provavelmente O Cânone dos Remédios, *a sua grande obra alquímica.*

O Islão herdou o império geográfico traçado séculos antes por Alexandre Magno, mas o seu maior tesouro, a grande biblioteca de Alexandria, há muito que perecera. Apesar desta perda anterior, a Fénix da sabedoria hermética elevar-se-ia inesperadamente dos solos férteis do Islão. Algumas décadas após a morte do Profeta, as obras mais importantes da Filosofia, Matemática, Medicina, Astronomia, todas as áreas do saber, estavam a ser traduzidas, primeiro do grego para o árabe. O Islão cedo se mostrou devoto à cultura e aprendizagem, com governantes iluminados como o Califa de Bagdad Harun al--Rashid (764-809), apoiando intelectuais e fundando academias por todo o grande império que se estendia dos Pirenéus ao Indostão.

Khalid ibn yazid

O interesse na Alquimia era uma das prioridades da revolução cultural do Islão. Na verdade, os primeiros livros traduzidos para árabe eram obras gregas e coptas de Alquimia. Foram traduzidos por intelectuais gregos em Damasco para o Príncipe Khalid ibn Yazid por volta de 690. Khalid era pretendente a Califa, o homem mais poderoso do Islão, mas escolheu dedicar a sua vida ao estudo. Foi então aprender a arte com um alquimista cristão chamado Morienus de Alexandria, que se diz ter praticado diante de si uma transmutação. Sobreviveram vários textos alquímicos atribuídos a Khalid, incluindo o *Paraíso da Sabedoria*.

Jabir ibn hayyan

O maior alquimista islâmico foi Jabir ibn Hayyan (c.721-815), um discípulo de Imam Ja'far As-Sadiq, um descendente directo do próprio Profeta. Jabir ficou famoso pelos seus elixires medicinais, produzidos enquanto alquimista da corte, para Harun al-Rashid. A famosa corte do Califa, em Bagdad, representou o compêndio da cultura e romance árabe. Esta é a Bagdad das *Mil e Uma Noites* – Aladino, génios, magia, mistério e intriga. O folclore da Antiguidade e a velha magia combinavam com o misticismo hermético e islâmico para dar lugar a uma nova Alquimia forte. Jabir inspirou-se ainda na China. Entre as preciosas mercadorias trazidas ao longo da Rota da Seda encontravam-se alguns dos tesouros da Alquimia chinesa, incluindo o quadrado mágico de Ming Tang, o Templo da Luz.

O quadrado mágico

O quadrado mágico era constituído por nove números, com o número cinco no centro. Jabir deduziu os números um, três, cinco, oito, dezassete e vinte e oito do quadrado e aplicou-os, com sucesso, ao entendimento dos elementos alquímicos e à sua manipulação. A sua interpretação mística deste quadrado foi a base da Teoria do Equilíbrio, considerada uma das contribuições mais importantes para a Arte. Jabir também adoptou o conceito chinês do mercúrio, como a alma dos metais, e introduziu a teoria do enxofre--mercúrio, que exploraremos mais tarde.

AVICENA

Este selo, uma das 160 figuras herméticas do Basilica Philosophica *de J. D. Mylius, celebra o alquimista persa Avicena. Na inscrição lê-se: "O Magistério é a águia voando pelo ar e o sapo a caminhar pelo chão.*

A obra de Jabir tornou-se na pedra fundamental da Alquimia ocidental quatro séculos mais tarde. Jabir, conhecido no ocidente como Geber, escreveu muitas obras de Alquimia, embora a maioria tenha sido escrita por discípulos seus, alguns, setecentos anos após a sua morte. É num dos seus próprios trabalhos que encontramos a primeira referência à Tábua de Esmeralda. O seu nome entrou no vernáculo na forma de "gibberish" – um indício de quão complexa e enigmática a sua escrita pode parecer. Após a sua morte, descobriu-se no seu laboratório um almofariz de ouro maciço com 900 gr.

Rhazes e Avicena

Também as obras de al-Razi e Ibn Sina, conhecidos no Ocidente como Rhazes e Avicena respectivamente e alquimistas islâmicos, tiveram uma influência duradoura. Rhazes (c. 860-925) era filho de um mercador de Rai, na Pérsia e desistiu da carreira de músico para se dedicar à Filosofia e Medicina. Foi estudar para Bagdad e voltou um homem da ciência, crítico do fanatismo e misticismo, mostrando, talvez um pouco demais, o falhanço do mundo moderno em distinguir superstição da espiritualidade. Adicionou o sal como o terceiro princípio à teoria de mercúrio – enxofre de Jabir. Rhazes foi considerado uma autoridade nas universidades europeias até ao séc. XVII. Escreveu cerca de vinte livros de Alquimia e classificou um grande número de substâncias, remédios, utensílios e processos. Foi ele que fez a célebre afirmação "Quem não sabe Química, não merece o nome de filósofo".

4	9	2
3	5	7
8	1	6

O QUADRADO MÁGICO DE JABIR

Este é conhecido como o quadrado de ordem três, atribuído na magia hermética a Saturno. O total de cada linha é 15 e a soma de todos os números é 45. Jabir deduziu os números um, três, cinco, oito, dezassete e vinte e oito do quadrado, depois de separar o gnómon, ponteiro do relógio de sol, (o restante de um quadrado depois de se retirar um quadrado semelhante, contendo um dos seus cantos).

Avicena (980-1037), outro Persa, nasceu na antiga cidade da Rota da Seda, Bokhara. Foi um intelectual prodigioso e ultrapassando os seus tutores ainda novo, dedica-se ao estudo privado da Medicina. Aos dezassete anos era médico de um príncipe e continuou a ter uma vida enormemente colorida e produtiva. O seu enorme *Cânone da Medicina* valeu-lhe o título de "*Príncipe dos Médicos*" e tornou-o numa autoridade oracular, até ao do Renascimento. A sua maior obra alquímica é o *Livro dos Remédios*, onde disputa com Jabir e Rhazes a criação de metais, mas expressa cepticismo sobre a transmutação.

A Avicena, apesar de todo o brilhantismo, faltou um certo entendimento mágico. À semelhança de Rhazes, foi mais um intelectual que um vidente.

Analisando hoje, parece mais apropriado considerar Rhazes e Avicena como proto-químicos, o seu interesse era mais a ciência química do seu tempo do que arte espiritual da transmutação. Talvez um exemplo melhor, embora menos conhecido, de um alquimista islâmico seja Abu'l Qasim al-Iraqui, do séc. XIII. O seu *Livro do Conhecimento Adquirido sobre o Cultivo do Ouro* é um resumo magistral da Alquimia islâmica na tradição de Jabir ibn Hayyan. Jabir e Abu'l Qasim têm em comum a afinidade com o misticismo hermético e platónico dos Gregos, com quem partilhavam uma visão gnóstica do Uno, que os aliciava para a demanda do perfeito através da purificação e conhecimento do Divino.

MORIENUS

Morienus, o tutor do Príncipe Khalid, censura um homem preso no amontoado de esterco da ignorância. A Matéria Primária tem de ser libertada de tal escória. O homem em queda, ao fundo, mostra que a Torre da Alquimia não pode ser subida sem a Escada do Sábio.

A INTRODUÇÃO DA FILOSOFIA GREGA CLÁSSICA, PELOS MOUROS, NA EUROPA MEDIEVAL CONDUZIU AO RENASCIMENTO. OS TEXTOS ALQUÍMICOS ENTRARAM PELA MESMA ROTA, INICIANDO A GRANDE BUSCA AO OURO, QUE DUROU ATÉ AO SÉCULO XVII.

EM BUSCA DO OURO

A cultura e o conhecimento árabe começaram a ser transmitidos à Europa depois dos Mouros, sob as ordens de Tarik ibn Zayid, terem invadido Espanha em 711 e construírem as três grandes Universidades de Tole Córdoba e Sevilha.

As obras gnósticas e neo-platónicas foram trazidas para França durante o sec. IX, onde foram traduzidas por Johannes Scotus Erigena, um místico escocês da Irlanda. O misticismo cristão, subsequentemente, reemergiu como o mistério do Santo Graal. No entanto, apesar da sua prática na Grécia Antiga, a Alquimia era, de uma forma geral, desconhecida na Europa até às Invasões Muçulmanas. O arcebispo Raymond, depois da reconquista de Toledo em 1105, fundou a Escola de Tradutores com o propósito de traduzir as obras árabes. A primeira tradução conhecida da Alquimia árabe para Latim é a do inglês Robert de Chester d'*O Livro da Composição da Alquimia*, de Morienus, em 1144. Foi também o primeiro a traduzir o Corão e a forma árabe da Matemática, a Álgebra. A sua obra mais influente foi a tradução da *Tábua de Esmeralda* a partir do manuscrito de Jabir. Intelectuais como Gerard de Cremona, na Lombardia, Adelard de Bath, Roger de Herford e Maimonides, o Judeu revelaram a vastidão do conhecimento árabe aos Europeus. Como resultado, uma onda de estudos alquímicos emergiu por toda a Europa.

Algumas das maiores mentes desse tempo praticavam Alquimia. Aparecem nomes como o Bispo germânico Alberto, o Grande nascido na Suábia em 1193, e o seu famoso discípulo, S. Tomás de Aquino; o frade Roger Bacon, nascido em Somerset, Inglaterra, em 1214; e Arnaldo de Vilanova, médico de reis e papas, nascido em Valência, Espanha, em 1235.

ATANOR

Um alquimista e o seu assistente trabalham num laboratório. No centro encontra-se o atanor, o forno alquímico. Muitos alquimistas eram ferreiros, com é sugerido pela forja e bigorna nesta gravura.

A Alquimia na Europa Medieval

A ideia da Pedra Filosofal também exercia uma influência poderosa nos aspectos menos sublimes da mente medieval, atraindo gananciosos, crédulos e desonestos, apenas interessados no ouro material. Tais "sopradores" (inclui cuspidores de fogo ou presunçosos inchados) trouxeram má reputação à arte, mas a sua face materialista protegeu-a de ser marcada como herética pela Igreja Católica Romana. Mesmo assim, a produção de ouro alquímico a partir do pó, que tinha caído em mãos indignas ou, mais comum, o ouro inteligentemente falsificado, chegou a ser tal que, em 1317, o Papa João XXII emitiu um decreto que proibia a prática da Alquimia. Apesar das proibições papais e reais e da fraude e falhanços associados à produção de ouro, os alquimistas continuaram a estudar e a publicar por toda a Europa. Um número significativo de alquimistas era membro do Clero, incluindo abades, bispos e cardeais. Muitos reis e príncipes também o eram e ou tinham o seu próprio laboratório ou alugavam um dos muitos existentes. Não era raro serem homens extremamente cultos, muitos dos quais médicos, que viajavam muito em busca do conhecimento alquímico, num tempo em que estas viagens eram perigosas. Movia-os a crença no valor da arte sagrada e transformativa e também os rumores atormentadores de transmutações genuínas.

A transmutação de Van Helmont

Vale a pena relatar aqui o caso de Van Helmont por ser um exemplo típico, que até mesmo os cépticos acérrimos, muitas vezes, têm dificuldade em repudiar imediatamente. Jan Baptista Van Helmont (1577-1644) foi um químico e médico pioneiro. Era um seguidor de Paracelso (ver pág. 34 a 37) e partilhava a sua visão mística da Natureza. Simpatizava com as ideias alquímicas, mas mostrava cepticismo em relação à transmutação. Um dia foi visitado por um estranho que o envolveu numa conversa sobre a Pedra Filosofal. Van Helmont desafiou as suas convicções, ao que o estranho responde com um pequeno recipiente cheio de pó e ofereceu-lhe uma pequena quantidade. Disse-lhe como o usar e preparou-se para sair. Quando Van Helmont se mostrou surpreendido por este não querer observar o resultado da operação, o estranho respondeu-lhe que o resultado estava assegurado. Van Helmont perguntou-lhe porque o tinha procurado.

"Para convencer um cientista ilustre cujo trabalho honra o seu país", respondeu o estranho e partiu. Van Helmont seguiu as instruções do estranho à letra e procedeu à transmutação com sucesso.

Estes relatos de estranhos a levar a cabo transmutações perante testemunhas credíveis, ou a fornecer espécimes do "pó-projecto" para funcionar de prova na sua ausência, continuaram até aos séculos XVII e XVIII. Várias moedas e medalhas fabricadas com ouro alquímico são preservadas em museus e colecções privadas na Europa. Quem eram os verdadeiros adeptos, e como conseguiam a Pedra Filosofal, ainda é um mistério para a maioria.

EM BUSCA DA PEDRA

Um soprador medieval e o seu assistente confuso empenhados na busca da Pedra Filosofal. Inúmeros praticantes, se iludidos, arruinavam-se na sua busca esperançosa. Muitos foram vítimas dos gases venenosos do mercúrio.

A SERPENTE OU O DRAGÃO EM FORMA DE CÍRCULO COM A CAUDA NA BOCA É UMA REPRESENTAÇÃO ANTIGA DO CICLO DA VIDA. ALIMENTA-SE DE SI PRÓPRIO, DESTRUINDO, FERTILIZANDO E CRIANDO, NUM CICLO ETERNO.

O Ouroboros

O sábio grego Epicuro escreveu "O Todo foi desde o início como um ovo, com a serpente a servir de correia apertada ou círculo em seu redor". O ouroboros é a serpente e o ovo. É o espírito à espera de ser enclausurado na alma; Deus Mãe pronto para receber a luz inseminadora de Deus Pai; o potencial da Criação antes da realização. Este aspecto do ouroboros é descrito em Tao te Ching.

Há algo de misterioso
Que existiu antes do Céu e da Terra.
Silencioso e vazio
Sozinho e imutável,
Rodando incessantemente
É a Mãe de Todas as Coisas.

Se devo, chamar-lhe-ei "Grande".
A Grandeza impõe a transcendência.
A transcendência impõe ir para além.
Ir para além impõe um retorno ao Princípio.

Tao te ching XXV

O ouroboros é *prima materia,* a matéria-prima da qual nascem todas as coisas. Este é o material essencial que o alquimista tem de trabalhar para criar a Pedra Filosofal. O círculo representa o movimento da Energia Divina que se move para longe e volta para si – "O meu final é o meu princípio".

O ouroboros duplo combina duas serpentes, uma delas com asas. Cada uma morde a cauda da outra para formar um círculo. Este símbolo representa o grande dito *Solve et Coagula,* "dissolve o corpo e solidifica o espírito". A serpente de baixo e sem asas é o corpo, a matéria bruta ou o indivíduo não iluminado que deve ser dissolvido. Os três cornos na cabeça representam os três princípios filosóficos inerentes – alma, espírito e corpo – a ser purificados. A serpente de cima personifica o espírito. As suas asas denotam a qualidade ilusória e volátil, que deve ser solidificada – fixada – para que seja incorporada.

A coroa na cabeça revela a sua natureza divina. O símbolo representa a união de opostos, um yin-yang alquímico. É o *circulatio*, ou circulação, na qual a matéria dissolvida continuamente se evapora e recondensa, libertando o espírito reintegrador, que, por sua vez, enaltece a matéria ou corpo. A obra está completa quando "Aquilo que está por cima é o que está por baixo", nomeadamente quando as duas serpentes estão totalmente integradas como Unas. A serpente aperfeiçoada representa a Pedra Filosofal. Mantém a coroa das divindades e é desprovida de asas, fixa e imutável na sua perfeição.

CICLO DE VIDA

O Ouroboros simboliza a vida em todos os níveis – o macrocosmos e microcosmos; o universal e o individual.

A DAMA NATUREZA

Em comparação com a Dama Natureza, o alquimista é um velho cego e ignorante. As pegadas da Dama são suficientemente claras, mas ele precisa de uma candeia, vara e óculos para as seguir. A imitação da Natureza, apreendida como consciente, força viva, é um tema recorrente na Alquimia.

PARACELSO O GRANDE

THEOPHRASTUS BOMBASTUS VON HOHENHEIM, CONHECIDO COMO PARACELSO, O ENIGMÁTICO E CONTRADITÓRIO, UM DOS HOMENS MAIS NOTÁVEIS DA SUA ÉPOCA, REVOLUCIONOU A MEDICINA E ALQUIMIA E PLANTOU AS SEMENTES DA HOMEOPATIA.

Paracelso, nasceu na Suíça em 1493 e o seu pai, médico, deu-lhe os primeiros estudos. A mãe morreu quando ainda era jovem e mudou-se com o pai para um bairro mineiro, na Caríntia, Áustria, onde frequentou a escola e partilhou os interesses do pai pela Alquimia. Aos dezasseis anos, frequenta a universidade, antes de passar algum tempo com Johannes Trithemius, Abade de Sponheim, um dos grandes magos do séc. XVI. O que aprendeu tê-lo-á ajudado a forjar uma fé inabalável na Alquimia e nas forças conscientes da Natureza. Paracelso trabalhou então nas minas de um alquimista rico no Tirol, onde aprendeu as propriedades físicas dos minérios e metais, estudou a extracção e purificação e notou os efeitos curativos das águas minerais. Observou os acidentes e doenças que atingiam os mineiros e decidiu ser médico.

Os médicos do séc. XVI tendiam a viver nas torres de marfim da escolástica, estudando textos de autoridades antigas e preocupando-se inteiramente com a teoria. Raramente tinham contacto com os doentes e tinham pouca ou nenhuma experiência prática. Isto poderia ser conveniente para o médico, mas raramente o era para o paciente. Não era este o tipo de médico que desejava ser.

Paracelso, depois de receber o doutoramento da Universidade de Ferrara, em Itália, viajou por toda a Europa e não só, durante sete anos, muitas vezes a pé. Escolheu, rejeitando as bibliotecas da universidade, "ler no livro da Natureza". Aprendeu o mais possível sobre medicina popular, *mezinhas* de plantas dos Ciganos e parteiras e muito mais com todas as pessoas com quem se cruzava em países tão diversos como Inglaterra, Espanha, Itália, Escandinávia, Portugal, Turquia e Rússia.

Julgamentos e sofrimento

Paracelso acabou por voltar à Suíça, sendo recebido com grande honra e foi nomeado médico da cidade em 1527. As suas curas lendárias deram-lhe reputação, mas depressa enraiveceu os seus colegas, gozando-os e insultando-os e dando as suas aulas em Alemão em vez do honrado Latim da época. Chegou mesmo ao ponto de queimar livros em público e, aí, a faculdade da Universidade de Basle tentou, sem êxito, impedi-lo de dar aulas. Arranjou ainda nos farmacêuticos novos inimigos a quem acusava de explorar os doentes. A situação atingiu o ponto crítico quando um prelado rico se recusou a pagar-lhe a enorme soma que lhe prometera pela cura. Paracelso processou-o. Quando o tribunal lhe atribuiu apenas uma fracção da soma, publicou um ataque sarcástico à sua integridade, uma ofensa punível. Perante a ameaça de prisão, Paracelso esgueirou-se da cidade e nunca voltou.

Não voltou a ter uma posição tão proeminente e opta pela vida errante. Durante os restantes anos, escreveu, ou ditou, várias obras. Apenas os seus dois livros de Cirurgia foram publicados em vida (1536), mas foram largamente aclamados e tornaram-se referência por muitos anos. Nessa altura, restabelecera já a sua reputação e foi convidado, em 1540, a viver em Salzburgo, na Áustria. Mas, quando parecia ir ter descanso, morre, provavelmente assassinado pelos seus inimigos.

Ideais, crenças e doutrinas

Paracelso entendeu que assim como os animais reconhecem instintivamente as virtudes das plantas, também os humanos podem desenvolver uma harmonia com a Natureza, que lhes transmite, assim, os seus segredos. Os humanos podem apreender a verdadeira natureza das coisas, não ao lerem sobre elas, ou mesmo pensarem sobre elas, mas sim *estando* com elas. Concebe a Natureza como uma força consciente, mística e viva, capaz de se envolver directamente com as pessoas que possuam os corações e almas abertas. Esta apreciação é pura Alquimia: a capacidade de se identificar com algo ao nível mais íntimo, permitindo a ambos serem tudo o que podem ser.

Paracelso desenvolveu a doutrina das "signaturas", que descreve como a Natureza se revela através de sinais. A forma ou cor de uma planta, por exemplo, pode indicar a sua utilidade medicinal. Para os sábios, a Natureza é um livro aberto e explica-nos como: através do oração, da fé e da imaginação. A oração, segundo ele, é um desejo forte e aspiração pelo bem. Deveremos procurar e derrubar e só então perguntar ao Poder Omnipotente dentro de nós, relembrá-lo das nossas promessas e mantê-lo acordado, e, se o fizermos correctamente e com um coração puro e sincero, receberemos o que pedimos e descobriremos o que procuramos, e, as portas do Eterno fechadas perante nós, serão então abertas. A Fé, afirma, não é uma mera crença, mas uma "convicção inabalável" baseada no *conhecer*, "uma fé que pode mover

montanhas e atirá-las ao oceano e para quem tudo é possível. A fé é a estrela luminosa que conduz o indivíduo honesto aos mistérios da Natureza. Deveremos procurar o nosso ponto de gravidade em Deus e depositar a confiança numa fé honesta, divina, sincera e forte e segurá-la com todo o nosso coração, alma, sentidos e pensamento – cheio de amor e convicção. Se possuir esta fé, Deus (Sabedoria) não te recusará a Sua verdade, mas revelar-te-á as Suas obras, credível, visível e consoladoramente.

OS ELEMENTOS PRINCIPAIS DA ALQUIMIA

Na inscrição em volta da roda lê-se "visite o interior da terra, rectifique-a e descobrirá a pedra escondida." O acrónimo latino soletrado "vitriol" o vitríolo ou o solvente universal que penetra todos os metais.

No que toca à imaginação, Paracelso equaciona-a com a meditação, uma consciência cognitiva que recebe as mensagens e traduz as revelações que a oração e a fé geram. Tal como o místico Jacob Boehme declarou, e como descobriria mais tarde o psicólogo Carl Gustav Jung (ver págs. 48 a 51), a Alquimia é a linguagem que fala às imaginações humanas activas.

O conceito de Paracelso do absoluto, embora fosse um cristão pio, não é o intelecto divino de um Deus paternal, mas o *mysterium magnum* ("o grande mistério"), a fonte de todas as coisas e a que tudo retorna, como o Brahma do Hinduísmo e o Dao do misticismo chinês.
O misticismo índio partilha este conceito e também a definição de Medicina que tudo abarca como linguagem da natureza, através da qual nos é transmitido significado. A sua grande contribuição para a Alquimia reside na ênfase que colocou no valor medicinal e transformativo, aproximando a Alquimia Ocidental das correntes chinesas e indianas. Desenvolveu uma série de processos alquímicos para fabricar medicamentos, a que chamou espagíria. Aprenderemos alguns desses processos na secção prática (ver págs. 110 a 123).

UM DOS ENIGMAS MAIS ESTRANHOS NA HISTÓRIA DA EUROPA MODERNA FOI O FENÓMENO ROSACRUCIANO, QUE MARCOU O PAPEL MAIS SIGNIFICATIVO DA ALQUIMIA NA ARENA POLÍTICA EUROPEIA.

O FENÓMENO ROSACRUCIANO

O que quer que seja publicado e tornado público da nossa Fraternidade... que ninguém a subestime.

CONFESSIO FRATERNITATIS

O Rosacrucionismo tem as suas raízes na explosão de informação gerada pela invenção da imprensa. Foi a palavra impressa que permitiu publicitar por toda a Europa o repudiar da Igreja Católica Romana de Lutero, e os acontecimentos seguintes. Tal como a Internet hoje, a impressão permitiu aos reformistas religiosos, alquimistas e cabalistas cristãos espalhar a sua fé e estabelecer contactos. Todos eles concordavam que a Igreja Católica estava a suprimir o conhecimento secreto do espírito. Em 1614, foi impresso um manifesto intitulado *"Fama Fraternitatis"* ("Declaração de Irmandade") na Alemanha e posto a circular. Os autores diziam-se representantes de uma irmandade de adeptos iluminados, cuja ambição era a "Reforma Geral de Todo o Mundo". Dizia-se que a fraternidade tinha sido fundada por um tal de

A ESCOLA INVISÍVEL DOS ROSA-CRUZES

A escola é aqui representada como um castelo móvel, apoiada pela mão de Deus e triunfando sobre os seus adversários. O químico Robert Boyle referiu-se à "nossa escola invisível" antes da criação da Sociedade Real, da qual era membro fundador.

Christian Rosencreuz, nascido em 1378 e falecido com cento e seis anos. A *Fama Fraternitatis* conta a vida do Irmão Rosencreuz ("Rosa--Cruz"), especialmente a sua viagem mágica ao Leste; as suas subsequentes tentativas infrutíferas para divulgar a sua sabedoria aos intelectuais europeus; a fundação da Irmandade secreta dos Rosa--Cruz, cuja primeira regra é "curar os doentes para a liberdade"; e a sua sepultura num túmulo estranho e misterioso.

TÍTULO ESCULPIDO DA MONAS HIEROGLYPHICA *DE DEE*

O símbolo central é uma composição de todos os símbolos dos planetas dentro de um ovo e representando a soma da Criação. Este símbolo é uma chave, que, se correctamente aplicada, pode abrir os mistérios da vida.

A *Fama Fraternitatis* conta-nos como o seu túmulo foi aberto após cento e vinte anos pelos iniciados posteriores da Irmandade. Encontraram o corpo miraculosamente preservado do Irmão Rosencreutz e, na sua mão, o pergaminho do livro, em que, no final, se faz o panegírico do Irmão C. R., descrito como um homem admitido nos mistérios e segredos do céu e terra através de revelações divinas, cogitações subtis e a labuta incansável da sua vida. Durante a viagem pela Arábia e África, recolheu um tesouro excedendo reis e imperadores; mas achou-o pouco próprio para o seu tempo, e guardou--o para ser descoberto pela posteridade, nomeando herdeiros leais e crentes da sua arte e também do seu nome. Construiu um microcosmos correspondendo a todos os movimentos do macrocosmos e, finalmente, redigiu este compêndio das coisas passadas, presentes e futuras.

A fama fraternitatis em efervescência

A *Fama Fraternitatis* conduz o leitor a perceber que Christian Rosencreuz era um adepto, porque o "tesouro" que recolheu, incluía o segredo da transmutação. Embora condene alquimistas fraudulentos e censure os "fazedores de ouro", a obra deixa transparecer que a Irmandade possui os segredos para uma sabedoria genuinamente alquímica que potencia "mil coisas melhores" que a transmutação de metais. Sugere-se que, nas mãos certas, esta sabedoria pode levar ao iluminismo transcendental não só dos indivíduos, mas de toda a Cristandade. O manifesto também convida "alguns, poucos" a juntar-se à Irmandade, sem dar qualquer pista de como isto possa ser conseguido.

A *Fama Fraternitatis* causou furor, e o seu impacto aumentou nos dois anos seguintes com a publicação de um outro manifesto, conhecido como *Confessio*, uma estranha alegoria alquímica constrangedora intitulada *O Casamento Químico de Christian Rosencreutz*. Outras publicações em França, Inglaterra, Alemanha e Holanda levaram as pessoas a acreditar que os iniciados viviam secretamente entre eles e cuidadosamente escolhiam personagens ilustres para a sua "Escola Invisível". Ninguém podia admitir ser rosacruciano, já que ninguém se afirmava como tal. O tema permaneceu uma causa célebre, tendo sido publicadas inúmeras obras, a maioria sob a forma de respostas aos manifestos.

Em 1623, apareceram em Paris cartazes anunciando a presença invisível na cidade de Confrades dos Rosa-Cruz, o que causou simultaneamente excitação e alarme. Os manifestos, neste ponto, tinham sido largamente lidos e ainda mais extensivamente discutidos. Muitos esperavam que estivesse para nascer um novo iluminismo, tal como os manifestos prometiam. Os inimigos de tais ideias, como os Jesuítas, retaliaram produzindo manifestos rosacrucianos falsificados com o objectivo de caracterizarem os confrades como malévolos veneradores do Diabo. Isto conduziu a uma maluca caça às bruxas do tipo que a Liga Católica estava a levar a cabo nas terras protestantes da Boémia e do Palatinado.

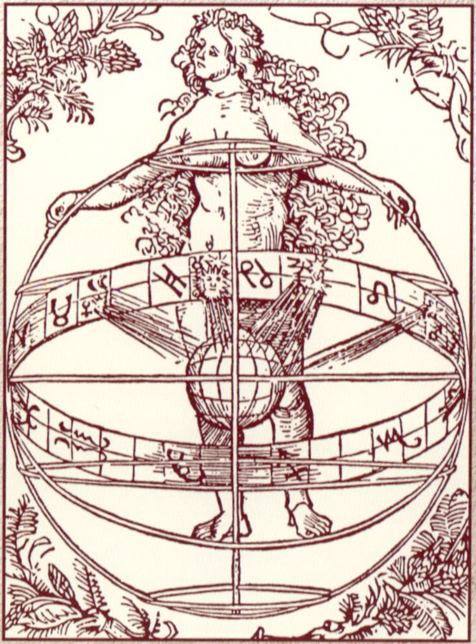

Os rosacrucianos

Então quem eram estes misteriosos rosacrucianos? Johan Valentin Andreae, um luterano germânico, foi certamente o autor de O *Casamento Químico de Christian Rosencreuz*, mais tarde afirmando que o escrevera como um "gracejo".

A introspecção profundamente alquímica e a ressonância da obra sugere, no entanto, que a sua afirmação é de alguma forma falsa. Ele poderá também ter sido o autor dos manifestos, embora o tenha sempre negado. Os manifestos parecem ter sido inspirados, até certo ponto, no alquimista Dr. John Dee (m. 1608), o astrólogo e mago da Rainha Isabel I de Inglaterra, que parece ter tido uma missão semelhante às descritas no manifesto, "A Reforma Geral De Todo O Grande Mundo" e onde *Monas Hieroglyphica* (Mónade Hieroglífica) é extensamente parafraseada, aparecendo o seu símbolo no frontispício do *Casamento Químico de Christian Rosencreuz*.

O alquimista polaco Michael Sendivogius visitou provavelmente a cidade universitária germânica de Tübigen quando Andreae aí estudava e, este, tendo ouvido falar das suas transmutações, terá feito todos os esforços para conhecer o fundador da Sociedade dos Filósofos Desconhecidos. A *Fama Fraternitatis* ecoa sentimentos expressos pelo alquimista polaco no prefácio do seu *Tratado sobre o Enxofre*, enquanto no *Confessio* cita *Os Doze Tratados*. Sendivogius era, em muitas vertentes, um rosacruciano modelo: muito viajado, extremamente bem relacionado, um profético reformista utópico; um médico paracelsiano que efectuou famosas curas usando os seus próprios remédios alquímicos; publicou vários textos alquímicos importantes anonimamente (ou seja, sem dedicatórias a príncipes ou reis); um homem que parece ter possuído um elevado carácter moral.

Outra das influências profundas nos manifestos foi a obra profético-apocalíptica de Simon Studion, intitulada *Naometria* (1604), que revela esperanças numa Liga Protestante, hermeticamente inspirada, entre Henrique IV de França (primeiro um Huguenote Protestante, depois Católico), Jaime I de Inglaterra e Frederico I, Duque de Württemberg. No entanto, o assassinato de Henrique IV, significa que as esperanças rosacrucianas foram transferidas para o inexperiente Frederico V, o Eleitor Palatino do Reno e genro de Jaime I de Inglaterra. Estas esperanças foram malogradas pela sua derrota desastrosa perante os Habsburgos católicos na Batalha da Montanha Branca, na Boémia, em 1620, um presságio da Guerra dos Trinta Anos (entre Católicos e Protestantes).

Rosa-cruzes e a franco-maçonaria

É possível que Andreae e os seus co-autores, se houve algum, fossem influenciados pela franco-maçonaria, os mais velhos estatutos conhecidos datam de 1598 e 1599. O reverso é certamente verdade. A segunda referência conhecida à "Palavra Maçónica" aparece na "Trenodia das Musas" (1638) do maçónico Henry Adamson:

Por o que nós pressagiamos não ser vulgar
Por nós sermos Confrades dos Rosa-Cruzes:
Nós temos a palavra maçónica e o segundo sinal,
As coisas que acontecerão podemos certamente prever.

A franco-maçonaria, a mais famosa e influente de todas as sociedades secretas, absorveu os ideais e o misticismo dos Rosa-Cruzes, dando-lhe um legado duradouro, embora triste assim como incumprido.

As influências rosacrucianas

Embora Christian Rosencreuz pareça ter sido uma figura alegórica, não há dúvida que muitas pessoas ilustres e dotadas foram imediatamente inspiradas a esposar as crenças dos seus pretensos seguidores.

"A ROSA DÁ MEL À ABELHA"

Esta representação da Rosa Cruz é retirada da Summum bonum, *de Robert Fludd, um médico paracelsiano e alquimista, de 1629. Considerava-se um rosacruciano, embora nunca tenha afirmado estar em contacto com eles.*

Entre estes estavam principalmente, Robert Fludd, inglês, e o germânico Michael Maier, ambos médicos paracelsianos. Fludd produziu uma série de obras brilhantemente ilustradas do microcosmos e macrocosmos, enquanto Maier, o ex-médico pessoal do Santo Imperador Romano Rudolfo II, produziu algumas das obras mais bonitas e profundas, enfatizando o aspecto espiritual da Alquimia.

Foram fundadas verdadeiras sociedades rosacrucianas, uma das primeiras e mais significativas foi a *Gold-und-Rosenkreutzer* ("Irmandade do Ouro e Rosa-Cruz", fundada na Alemanha), em cujo nome foram publicados vários textos alquímicos notáveis, a maioria de natureza alegórica e espiritual. Hoje em dia estas sociedades têm *lojas* por todo o mundo e dizem possuir uma ligação à fonte original.

Por detrás de todo este fenómeno paira a figura de Paracelso, a única figura contemporânea louvada na *Fama Fraternitatis*. As suas frustrações em face dos "intelectuais e homens de parecença sábia" atingiram uma nota familiar e sublinham a resistência que as instituições sempre tiveram à magia sagrada. Os rosacrucianos procuraram pôr em prática uma nova instituição mágica religiosa e política. O seu tempo ainda estava para chegar.

ANJOS MENSAGEIROS ACORDAM UM ALQUIMISTA ENSONADO

COM O TOQUE DE TROMBETA

Se acordássemos e apreendêssemos a verdade, veríamos, diante nós, uma escadaria para o Céu com guias para nos guiar na ascensão.

O ORVALHO, A ESSÊNCIA DESTILADA DO CÉU, EM CIMA, E DA TERRA, EM BAIXO, É UMA CONDENSAÇÃO DO ESPÍRITO UNIVERSAL OU FOGO SECRETO, CONHECIDO NA ÍNDIA POR *PRANA* E NA CHINA POR *QI*.

A DESTILAÇÃO DO ORVALHO, O ELIXIR DA VIDA

Nenhuma outra substância na Natureza reflecte com mais perfeição o processo central alquímico que o orvalho, evaporando como humidade com o sol e condensando-se à noite para de novo voltar à terra. Era a forma mais sagrada da água para os Druidas; para os Chineses da Antiguidade simbolizava a imortalidade, e na Cabala representa a Ressurreição.

Eu sou a humidade que tudo preserva na
Natureza e lhe dá vida,
Passo dos planos superiores para os inferiores;
Sou o orvalho celeste e a gordura da terra;
Sou água ardente e o fogo húmido; nada
sobrevive sem mim...

RETIRADO DE UM TEXTO ROSACRUCIANO DO SÉC. XVIII

Muitos elixires e processos alquímicos importantes utilizam o orvalho, incluindo a "Via Húmida" da Pedra Filosofal. As suas características como *prima materia* são definidas num dos livros mais famosos, o *Mutus Liber* (Livro Mudo), publicado em 1677. O livro, quase inútil tendo em conta o título, é constituído por quinze gravuras ilustrando uma sequência de processos alquímicos executados por uma mulher e um homem, e permanece altamente influente nas práticas alquímicas modernas.

Podemos fabricar a Água Angelical através de uma série de destilações, mas há maneiras de a obter sem ser preciso um laboratório alquímico ou equipamento caro. A ilustração do Livro Mudo mostra exactamente como fazer. Panos esticados sobre

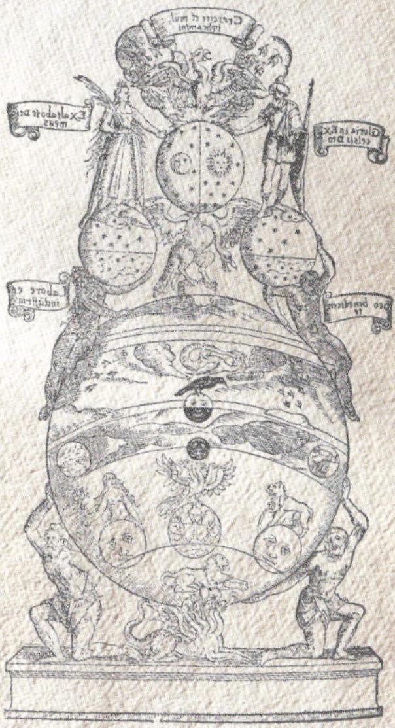

RECOLHER O ORVALHO

O alquimista e a sua soror mística *("irmã mística") capturam o orvalho, espremendo toalhas molhadas para uma bacia.*

estacas recolhem o orvalho, enquanto do Céu, em cima, correm raios de forças etéreas, enriquecidas com o espírito da vida em aceleração. Este é o Fogo Secreto que o impregna e, o carneiro e o touro, representantes dos sinos do Zodíaco com o mesmo nome, indicam que corre mais fortemente no hemisférico norte durante a Primavera, do final de Março ao final de Maio.

Recolhe-se o orvalho usando lençóis limpos de linho ou algodão ou toalhas bem estendidas sobre estacas perto do chão: isto é importante, pois as forças etéreas do orvalho serão drenadas se o pano cair ou tocar no chão. O orvalho de Maio é considerado o mais potente, preferencialmente recolhido em noites limpas perto da Lua Cheia. De madrugada, antes do nascer do Sol, retire cuidadosamente os panos das estacas e esprema-os para uma bacia grande de barro vidrado. Filtre o orvalho (usando filtros de café não branqueados) para um jarro de vidro, feche-o bem e coloque-o ao sol até ao meio-dia. Vaze para outro jarro de vidro. O orvalho está agora pronto para beber.

CAPÍTULO II

A Restauração da Alquimia

O século XVII assistiu ao grande florescimento da Alquimia e também ao seu declínio. O chamado "Iluminismo" alimentou noções do mundo humanistas, racionais e materialistas, suportadas pelo surgimento da ciência moderna, ironicamente suportada por obras alquímicas. A ciência trouxe aplicações cada vez mais úteis que pareciam tornar a vida mais fácil e eficiente. A Alquimia, já não atraindo as grandes mentes e cada vez mais marginalizada, passou para o oculto e só no século XIX se deu um forte revivalismo como reacção ao reducionismo científico. A descoberta da radioactividade mostrou que a teoria da transmutação, durante tanto tempo negada pela ciência, não era, no entanto, fundamentalmente um erro. Cada descoberta da Física Quântica redimia a Alquimia, ou tornava-a, pelo menos discutível. A Física adquiria alguns dos atributos das artes intuitivas. A Ciência provou que tudo é possível, até a Alquimia. Nas últimas décadas, os desenvolvimentos do conhecimento conduziram à re-avaliação geral da Alquimia, como veremos nas páginas seguintes.

יהוה
ANNVS VENTORVM-ANNVS SOLARIS-ANNVS STELLATVS-
Phœnix
Aquila

A CONTRIBUIÇÃO DO PSICÓLOGO C. G. JUNG PARA A REAVALIAÇÃO DA ALQUIMIA COMO UMA CIÊNCIA DA ALMA ALTAMENTE SOFISTICADA, EMBORA A MAIORIA DOS ALQUIMISTAS PRATICANTES QUESTIONE O SEU PONTO DE VISTA SOBRE A DINÂMICA DA ARTE, PROVOU SER MUITO INFLUENTE.

A Alquimia e a Psicologia

A investigação da Alquimia, dos finais do séc. XVIII ao início do séc. XX, foi confinada aos ocultistas e historiadores da ciência. Durante o início da década de 20, o psicólogo suíço Carl Gustav Jung iniciou o estudo da Alquimia quando se apercebeu que muitos dos seus símbolos chave estavam à superfície dos sonhos dos seus pacientes. Através da sua própria depressão nervosa, alguns anos antes, apercebera-se já do domínio místico daquilo a que chamava *arquétipos* – imagens poderosas emergindo do "inconsciente universal" partilhado por todos os humanos. Os seus estudos e palestras sobre os símbolos alquímicos estão compilados no livro *Psicologia e Alquimia*, um livro ricamente ilustrado com várias imagens alquímicas inéditas, publicado em 1944 e com várias edições desde então. A sua influência foi considerável e, praticamente sozinho, apresenta a Alquimia como objecto merecedor de uma investigação profunda. Jung

afirmou que as obras alquímicas apresentavam uma surpreendente consistência e complexidade de ideias e imagens, apesar da sua aparente ambiguidade e da linguagem muitas vezes contraditória. Este facto, argumenta, não pode ser acidental: "Um simbolismo tão rico como o da Alquimia deve invariavelmente a sua existência a uma causa adequada, nunca a um mero capricho ou jogo de imaginação". Apercebe-se que os alquimistas não estavam nem a enganar-se nem simplesmente a divertir-se: o seu objecto de estudo revestia-se de enorme significância.

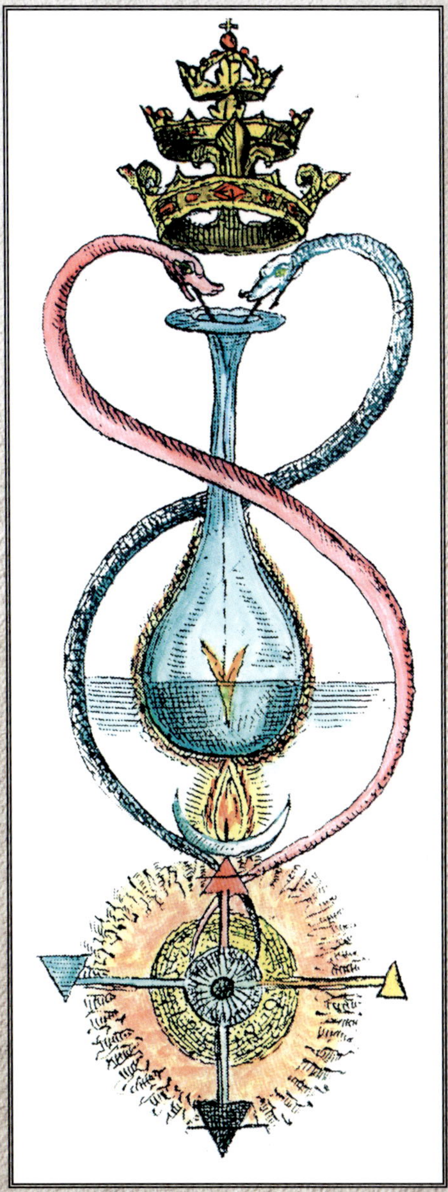

O MAGISTÉRIO DAS TRÊS COROAS

O Fogo Secreto libertado dos Quatro Elementos sobe pelas serpentes entrelaçadas e, descendo pelas suas línguas, enaltece o elixir dentro do recipiente.

Alquimia existencial

Os estudos de Jung sobre a Alquimia inspiraram o seu conceito de *individuação* – uma libertação pessoal do seu próprio labirinto psíquico e a resolução do psicodrama pessoal. O seu trabalho com o psiquiatra austríaco Sigmund Freud sobre a psicologia sexual forneceu-lhe uma introspecção do aspecto erótico da Alquimia, o Casamento Químico, com ênfase na união de opostos. Enquanto muitos alquimistas e místicos o censuram por confinar a Alquimia a modelos puramente psicológicos, é justo afirmar que reconheceu que esta está preocupada não apenas com a resolução ou redenção da Humanidade, mas também com a Natureza. O seu principal interesse reside em como a psique responde aos enigmas da existência e não tanto na natureza e propósito da Criação. O seu objecto de estudo é a psicologia da Humanidade, não a vida. O objecto do alquimista é a vida em si e a relação que o indivíduo tem com ela; cujo estudo intenso e íntimo revela que o alquimista e a vida são o mesmo, o todo. Neste aspecto, o seu ponto de vista da Alquímica é limitado ao psicológico, embora o alquimista contemporâneo Professor Manfred Junius (ver pág. 60) afirme ter ouvido de fonte fidedigna que, nos últimos anos da sua vida, Jung terá montado um laboratório para trabalhos práticos.

Outras das grandes obras de Jung sobre Alquimia são *Estudos Alquímicos* e o monumental *Mysterium Coniunctionis* ("Mistério da União"), que explora a natureza dos opostos, particularmente a polaridade de masculino e feminino, tal como representados na Alquimia pelo Sol e a Lua e o Rei Vermelho e a Rainha Branca. Também explica que o mundo é um reflexo da psique interna, que, no sentido muito real, cada indivíduo é responsável por tudo o que acontece no mundo exterior. Esta é a chave para entender a significância verdadeira da Humanidade como um microcosmos; como em cima, assim em baixo; tal como no interior também no exterior.

EPIGRAMA 34 DA ATALANTA FUGIENS DE MICHAEL MAIER, 1618

"Resplandecente brilha o banho quando é concebido, e o céu quando nasce; então vermelho corre com passos de gigante pelas águas, branqueando nas montanhas, ele a quem os estudiosos tornaram na sua única preocupação. Uma pedra ainda não o é; um presente de Deus para ti vindo dos Céus, tornar-te-á sagrado."

EM 1926, O ALQUIMISTA FRANCÊS, FULCANELLI, DE IDENTIDADE DESCONHECIDA, REPRODUZIU, NA SUA OBRA DE ARTE, *O MISTÉRIO DAS CATEDRAIS*, UMA VISITA PELA TRADIÇÃO ESOTÉRICA NO OCIDENTE TAL COMO EXPOSTA NAS PAREDES DAS CATEDRAIS GÓTICAS.

O FENÓMENO FULCANELLI

Durante os anos 20, apareceu em Paris um livro fora do comum chamado *O Mistério das Catedrais* escrito pelo pseudónimo alquímico Fulcanelli. Este livro elaborava, com grande certeza a ideia que as catedrais góticas da Europa eram nada mais do que textos alquímicos escritos em pedra, contendo na sua arquitectura todos os símbolos da Grande Obra. Como Walter Lang, um distinto intelectual, escreveu na introdução da edição do livro em Inglês: "Durante muito tempo acreditou-se que as catedrais góticas eram textos secretos de algum conhecimento oculto; que, por detrás dos gárgulas e glifos, das rosáceas e dos arcobotantes voadores, residia um segredo poderoso, tudo menos disposto abertamente. Isto já não é uma teoria".

Fulcanelli sugere que a Filosofia hermética esotérica era o impulso por detrás do súbito florescimento surpreendente da arquitectura gótica na Europa medieval. A arquitectura gótica não só comprovava técnicas avançadas extraordinárias em comparação com o seu precedente estilo Românico, mas era executado numa vasta escala. Entre 1170 e 1270, apenas em França, foi iniciada a construção de cerca de oito catedrais e quinhentas igrejas de tamanho quase idêntico a catedrais. O mesmo impulso inspirou as lendas do Santo Graal, também escritas durante este período, uma época de trovadores e poetas de amor da corte que anunciavam a época de cavaleiros e a instituição de ordem de cavaleiros místicos como a Ordem de Garter em Inglaterra.

SIMBOLISMO MÚLTIPLO

Esta gravura combina o simbolismo alquímico, rosacruciano e maçónico. As serpentes ligadas representam a Solve et Coagula, a rotação do fixo e do volátil. No centro do Selo de Salomão está a rosa mística, emoldurada por um esquadro, compasso e uma régua, símbolos da Franco-Maçonaria.

De onde veio este impulso? Provavelmente da Terra Santa. A Primeira Cruzada e a fundação do Reino de Jerusalém, no início do séc. XII, colocou os Europeus em contacto directo com o Islão. Os Templários, uma ordem fundada para proteger as rotas de peregrinação na Terra Santa, sempre tiveram ligações com fontes de conhecimento secreto e é provável que alguns dos seus graus fossem iniciados no Sufismo. Esta corrente mística do Islão abarcou um profundo entendimento do hermetismo, neo-platonismo e Alquimia desde, pelo menos, o tempo de Jabir. A geometria sagrada e o simbolismo religioso erótico também faziam parte da mistura sufi e alguns destes elementos começaram a entrar na Europa durante o séc. XII.

Fulcanelli também elaborou detalhadamente, na cabala fonética, um sistema de trocadilhos e jogos de palavras usados pelos adeptos para ocultar e revelar significados esotéricos. Esta forma de canto ou linguagem (por isso *l'art Gothique* – Arte Gótica"), também conhecida por "linguagem dos pássaros", é uma chave crucial para decifrar tratados e simbolismo alquímicos e para ler os sinais da Natureza.

Encontro com Fulcanelli

Fulcanelli permanece como a figura oculta mais enigmática e misteriosa do séc. XX. Ele redescobriu o processo alquímico há muito perdido que produzia os famosos vitrais azuis e vermelhos, usados nas catedrais de Chartres, em França e diz-se que terá efectuado uma transmutação diante de testemunhas credíveis, antes de desaparecer durante a década de 30. No *Despertar dos Mágicos* (1963), Jacques Bergier descreve uma visita inesperada recebida em 1937 de um estranho que ele acredita ter sido Fulcanelli. Naquela altura, Bergier estava envolvido numa investigação nuclear com o notável cientista André Helbronner. Pediu ao visitante para explicar a natureza do seu trabalho e recebeu a resposta: "pede-me que resuma em quatro minutos quatro mil anos de

Filosofia e todo o trabalho de uma vida. Ainda me pede que traduza, em palavras simples, conceitos para os quais a linguagem não foi concebida. Mas posso afirmar o seguinte: estará ciente que, presentemente, na ciência oficial, o papel desempenhado pelo observador se tornou cada vez mais importante. A relatividade, o princípio da incerteza, demonstra a extensão em que o observador hoje intervém em todo este fenómeno. O segredo da Alquimia é este: existe uma forma de manipular o que a ciência moderna chama de campo de força. Esta actua no observador e coloca-o numa posição privilegiada em relação ao Universo. Desta posição privilegiada, tem acesso a realidades normalmente ocultas pelo tempo e espaço, matéria e energia. Isto é o que chamamos de Grande Obra".

NOTRE-DAME DE PARIS

Fulcanelli acreditava que esta catedral era uma obra-prima hermética escrita em pedra. No Mistério das Catedrais *descreve em detalhe o simbolismo alquímico de muitas das suas esculturas em pedra.*

"Mas e a Pedra Filosofal? A transformação em ouro?" perguntou Bergier. "Isso são apenas aplicações, casos particulares. O vital não é transmutação de metais, mas a do próprio experimentador. É um segredo antigo que apenas algumas pessoas redescobrem em cada século." Bergier ficou impressionado pelos conhecimentos do estranho sobre energia nuclear, que ultrapassavam os seus e provaram ser altamente premonitórios. Foi avisado dos perigos assustadores envolvidos na desintegração nuclear. Depois da guerra, Bergier, que trabalhara nos serviços secretos, foi informado das consequências pelo precursor da CIA. O seu testemunho persuadiu as autoridades a tentar encontrar Fulcanelli. Nunca o encontraram. A única pessoa que afirma tê-lo visto depois de Bergier é o seu ex-aprendiz Eugene Canseliet. Canseliet, convocado pelo seu mestre para um castelo nas montanhas de Espanha em 1952, descreveu o seu mestre parecendo vinte anos mais novo do que vinte anos antes.

A ALQUIMIA FOI DESAPARECENDO SILENCIOSAMENTE DURANTE O SÉCULO XVIII E XIX, MAS NUNCA PERECEU. NA ALEMANHA, PARTICULARMENTE, MÉDICOS PARACELSIANOS CONTINUARAM A PREPARAR E ADMINISTRAR REMÉDIOS ALQUÍMICOS, ENQUANTO MANTINHAM A SUA ARTE SECRETA. NO SÉCULO XX, A ALQUIMIA ERGUEU-SE UMA VEZ MAIS.

A TRADIÇÃO ALQUÍMICA MODERNA

Durante o séc. XX, a Alquimia sofreu um revivalismo que teria sido inimaginável durante o século anterior. Já vimos o papel desempenhado por Carl Gustav Jung neste renascimento, mas houve também outras contribuições significativas em diferentes campos.

Dos anos 20 aos anos 40, Dr. Lili Kolisko, uma colega do filósofo e místico austríaco Rudolf Steiner, realizou uma série de experiências para validar as teorias de Steiner da existência de forças subtis em laboração dentro das plantas e solo. Usou então uma cromatografia chamada dinamolise capilar, que validava a associação alquímica antiga dos sete planetas clássicos com os seus metais correspondentes, por exemplo, o Sol com o ouro, a Lua com a prata. Estas experiências foram repetidas com sucesso por outros, incluindo o investigador inglês Nick Kolleström.

Em 1962, o cientista francês Louis Kervran, publicou um livro intitulado *Transmutações Biológicas,* em que se descreve uma série de experiências mostrando que a transmutação de baixa-energia de certos elementos é uma realidade biológica, tanto em plantas como em animais, incluindo humanos. Os médicos eram, claro, altamente cépticos, mas o trabalho de Kervran foi subsequentemente confirmado por cientistas japoneses, franceses e suíços. Durante os anos 90, Oliver Costa de Beauregard, Professor de Física Teórica no Instituto de Física Teórica Henri Poincaré (Faculdade de Ciências, Universidade de Paris) desenvolveu uma teoria que coloca estas descobertas nos domínios da Física moderna. Adam Mclean resume

FRONTISPÍCIO AO AFORISMOS DO BARÃO DE URIBEGRUS, 1690

O Duque Frederico da Saxónia-Gota terá testado, com sucesso, o método de produção da Pedra aqui ilustrado. Como comemoração foi cunhada uma pequena medalha usando o ouro alquímico.

as implicações do trabalho de Kervran e de Beauregard assim: "Nós vimos que na matéria viva não ocorrem apenas reacções químicas (forças electromagnéticas) de fotossíntese envolvendo a absorção de fotões de luz do sol, mas também interacções fracas que podem afectar a estrutura nuclear da matéria, activada através da participação da energia cósmica, na forma de neutrinos, que percorrem a terra desde as profundezas do universo. Uma perfeita consciência das consequências destas ideias devem ter uma profunda influência em muitos domínios da ciência moderna, e não menos na agricultura, dietética e cura...". Assim, com o trabalho profundamente importante de Louis Kevran, podemos estar perante um ponto de viragem nas ciências físicas, parece que foram encontrados os pontos comuns entre a Física contemporânea e a ciência esotérica dos éteres. Poderemos apenas esperar que esta linha de investigação seja seguida e que as implicações profundas para a presente percepção rígida do mecanismo da matéria viva, não sejam perdidas.

As práticas alquímicas modernas

A concorrer com as validações científicas das teorias alquímicas tem-se dado um ressurgimento das práticas alquímicas medicinais, baseadas particularmente nos ensinamentos de Paracelso. A figura mais significativa por detrás deste novo ímpeto é o alquimista austríaco Albert Riedel, conhecido como Frater Albertus. Depois de frequentar uma série de aulas de Alquimia na AMORC, a sociedade rosacruciana com sede na Califórnia, em 1960, publicou *Alchemist's Handbook (O Manual do Alquimista)*, dando instruções directas para produzir elixires naturais paracelsianos, preparados num laboratório com utensílios modernos. Frater Albertus fundou a Sociedade de Investigação de Paracelsus, em Salt Lake City, Utah, ensinando Alquimia aos estudantes a custos muito baixos e produzindo uma revista quinzenal entre 1960 e 1972. Estabeleceu contacto com outros alquimistas praticantes e deu a centenas de pessoas, incluindo a muitos dos melhores professores de hoje, a primeira introdução real à Alquimia. Enfatizava as virtudes espirituais e medicinais da Alquimia.

Depois da sua morte em 1984, os seus antigos alunos que procuravam outro professor, contactaram Jean Dubuis, um alquimista francês e cientista nuclear que dirigia uma organização chamada *Lés Philosophes de la Nature* e dava cursos de espagíria homeopata, seguindo as linhas e os princípios ensinados por Frater Albertus e pela Alquimia mineral. Dubuis doou o texto das suas aulas aos estudantes americanos, que os traduziram para Inglês e formaram uma organização chamada os Filósofos da Natureza. O grupo é menos activo no momento, mas ainda organiza cursos e seminários em vídeo.

Um dos alquimistas contemporâneos mais respeitado é o Professor Manfred Junius, nascido na Alemanha, em 1929. Esteve trinta e cinco anos na Índia a praticar medicina Ayurvédica e a estudar a Alquimia indiana, que enfatiza os trabalhos medicinais. Depois do seu regresso à Europa na década de 70, Junius estudou a Alquimia ocidental com o italiano Augusto Pancaldi, que cedo o encorajou para tentar o *circulatum minus*, o trabalho de plantas notoriamente difícil, que não era aperfeiçoado desde que o Barão Urbigerus publicou o seu tratado sobre o assunto em 1690. Junius, embora não estivesse convencido da sua aptidão, foi mesmo assim convencido e obteve sucesso, produzindo um líquido límpido e incolor com certas qualidades

A MEDICINA UNIVERSAL

A Medicina Universal ou Pedra Filosofal exemplificada como a soma das virtudes dos planetas, é aqui personificada como um Sol coroado brilhando sobre a figura de Hermes.

notáveis que deitaram por terra a explicação científica. Em minutos, separa as propriedades solúveis da matéria de uma planta verde sem se dissolver, apesar de consistir, predominantemente, de álcool da planta. Com a sua ajuda, outros seis indivíduos obtiveram o mesmo sucesso. O seu livro, *O Manual Prático da Alquimia das Plantas,* é um clássico moderno recomendado a todos os que desejam explorar a Alquimia laboratorial como o melhor começo. Junius possui um consultório de medicina Ayurvédica no Sul da Austrália e um laboratório comercial, Australeba, que produz remédios espagíricos, mel homeopatico e tónicos. Todos os verões dá aulas na Alemanha e na Suíça.

Na Alemanha, onde a Alquimia sobreviveu mais continuamente do que em qualquer outro local, há uma associação alquímica com cerca de cento e vinte membros, muitos dos quais apresentam regularmente *workshops* práticos. Também na Alemanha, existem vários laboratórios que comercializam medicamentos espagíricos há mais de oitenta anos.

CAPÍTULO III

A GRANDE

OBRA

A Grande Obra ou *Opus Magnum*, é o termo usado pelos alquimistas para descrever o esforço consciente para atingir o mais alto estado de pureza. O termo é aplicado tanto à Obra Exterior, a perfeição da Pedra Filosofal, como à Obra Interior, o alcance da consciência divina. Para prosseguir por este caminho, o iniciado tem de perceber, primeiro intelectualmente, a natureza da realidade cósmica. A Grande Obra também se refere à própria Criação. A Criação materializa-se ao ponto de produzir um ego desprovido de divino que apenas acredita em si. Tal ponto de egoísmo extremo cria um vácuo espiritual. A Natureza abomina um vácuo e, desta forma, o ego puxa o peso total do Universo para cima de si. O ego, chocado com a plena consciência da sua mortalidade e impotência, experimenta a iniciação do *nadir*, o grande despertar. O iniciado, humilhado, começa a procurar a divindade como salvação e inicia o caminho do retorno. Tal como o microcosmos é a imagem espelhada do macrocosmos, também a Grande Obra dos iniciados é o processo da Grande Obra da Criação em reverso. Como é que funciona? Comecemos pelo princípio com o ABC, o 1, 2, 3 da Criação.

ELEMENTOS DA GRANDE OBRA

Repare no escudo no painel de cima mostrando as três cores primárias da Obra e o instrumento de tipo yin-yang. Os pilares estão rotulados como Natureza e Arte.

Um e Zero é Igual a Dez

A numerologia hermética pode apenas sugerir o porquê da Criação, mas dá-nos uma profunda compreensão dos Quês e Comos. Esta é a numerologia sagrada que difere da Matemática em muitas formas fundamentais: apreende os números como qualidades e não quantidades; não há fracções; um dividido por dois é igual a dois; o zero segue o um; um e zero é igual a três. O número diviniza o divino.

O mistério da criação não pode nunca ser revelado em palavras comuns, mas o jogo de palavras e símbolos pode despertar o entendimento intuitivo. Isto é a cabala fonética, a "linguagem dos pássaros," a mística *Langue Verte* ("Linguagem Verde"), verdadeiros enigmas. Vamos jogar.

O um

No início, existia apenas um: o absoluto, o tudo em um, o um em tudo. Este um é o "I" de Deus, representado por uma vara ou, em Alquimia, por uma serpente. É o símbolo absoluto de masculinidade. É Deus o Pai, o activo, o princípio gerador. Mas o que se pode fazer sozinho? Como pode haver masculinidade quando não há, até agora, feminilidade? O que veio primeiro, o galo ou o ovo? A Alquimia responde a este enigma com outro: a figura do ouroboros, a serpente com a sua cauda na boca. Isto é potencialmente masculino e feminino, é o "I" e "O.". É o princípio e o fim da Grande Obra. É tudo e nada. É masculino e feminino, mas também nenhum deles.

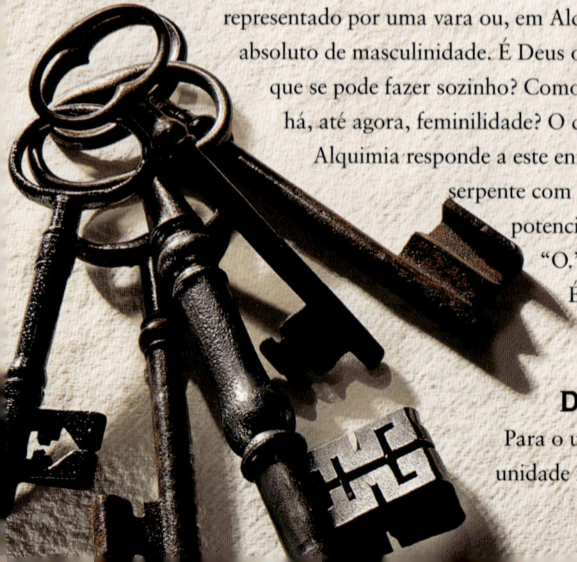

Do um ao zero

Para o um se multiplicar, tem de sacrificar a sua unidade in-dividida. Ao virar-se para si próprio através da meditação, o "I" transforma-se em "O". Por o zero seguir o um como consequência primeira do um, o zero não deve assim ser considerado nada: é um zero, a figura da quantidade indefinida, mas, no entanto, uma figura. Como símbolo, o "O" representa o princípio receptivo passivo: a vagina aberta (buraco); a soma da matriz de todas as possibilidades (todo); o ovo (não fertilizado); o eterno feminino; o Deus Mãe.

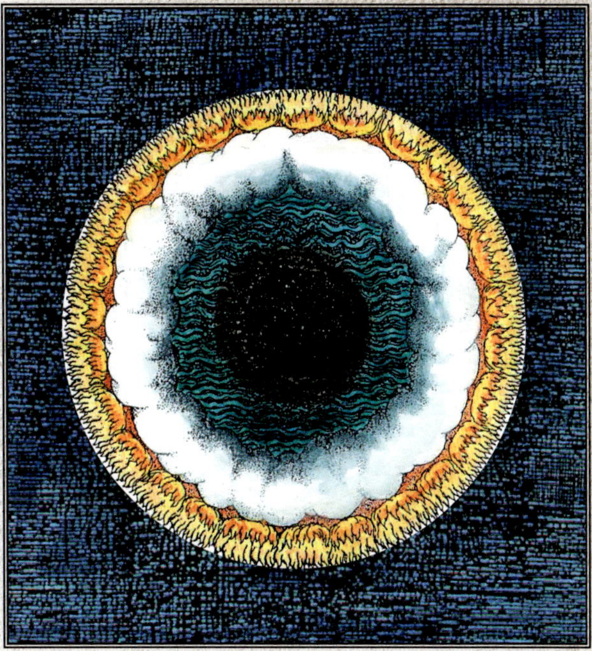

O OLHO DE DEUS

A separação dá-se quando o Um sacrifica a unidade para fertilizar o ovo cósmico. Esta imagem é retirada de uma série de ilustrações que representam o entendimento hermético dos estádios da Criação.

O logos

O supremo sacrifício da unidade indiferenciada e encerrada em si mesmo é simbolizada pela decapitação do rei: "I" torna-se "i", fazendo desta forma a pinta. A pinta é o logos, a palavra; a semente que fertiliza o ovo.

Que se faça luz

O casamento cósmico realizou-se. O ovo foi fertilizado e, depois de uma contagem de nove, dá à luz o Sol, o olho de Deus, representado por um"O" com uma pinta no meio, o símbolo do ouro. O número do Sol é dez, simbolizando o cosmos, os paradigmas da criação, acabamento e perfeição. É o número de dedos que se juntam na oração. Na numerologia romana e chinesa, o dez é representado por uma cruz ("x"). Graficamente, "IO" é um símbolo arquétipo do casamento.

NO PRINCÍPIO, HAVIA O UM; O ABSOLUTO; O TODO EM UM; O UM NO TODO. O PRINCÍPIO CRIADOR QUE DÁ ELEVAÇÃO À DIVERSIDADE É O GRANDE MISTÉRIO, A CONSCIÊNCIA ABSOLUTA INDESTRUTÍVEL DO UNIVERSO. A ALQUIMIA PROCURA ENCONTRAR ESTE PRINCÍPIO DIVINO OCULTO ENTRE TODAS AS COISAS E RESSUSCITÁ-LO.

O PRINCÍPIO DIVINO

Prima materia, ou "matéria primária", é o princípio divino, o absoluto, o objectivo do alquimista, a coisa que pretendem encontrar, para aperfeiçoar, para se tornar. Representa o grande enigma e o segredo da Alquimia. É o princípio e o fim da Grande Obra, e, consequentemente, simbolizado pelo ouroboros, entre outras coisas. Tem de ser identificado em bruto, no estado corrompido, interior e exteriormente, e trazido à perfeição "gentilmente e com grande ingenuidade" *(A Tábua de Esmeralda)*.

O que é isto? O que é a "matéria"? Não sei. Nenhum alquimista alguma vez lho dirá, pois não pode ser dito. Apenas o indivíduo pode saber o que é realmente a matéria. Embora todos o tenhamos em comum, é a sua história. Podemos afirmar que é a matéria primária do mundo, a negritude, a fricção, o sal da terra. Mas é também etéreo e inatingível. É partícula e onda, matéria e energia. De acordo com *Gloria Mundi* ("Glória do Mundo"), 1526, "é familiar a todos os homens, tanto jovens como velhos, encontrado no campo, nas vilas e cidades, em todas as coisas criadas por Deus; no entanto é menosprezado por todos. Ricos e pobres lidam com ela todos os dias. É a trajectória para a rua dos criados. As crianças brincam com ela. No entanto, ninguém lhe dá valor, embora, a seguir à alma humana, seja a coisa mais bonita e preciosa na terra e possua o poder de derrubar reis e príncipes. No entanto, é considerada a mais vil e má das coisas terrenas".

Sem identificar esta coisa, não se pode começar a Grande Obra. A *Sophic Hydrolith* ("Esmeril dos Sábios"), 1619, diz-nos "Esta matéria é encontrada numa coisa, fora da qual a nossa Pedra é preparada…

A CRUZ DA MATÉRIA

Para que o Um se multiplique, tem de se sacrificar a sua unidade individida. Desta forma tudo o que sai do Um pode participar no Ser. A cruz tem a forma do Tau, a ultima letra do alfabeto hebraico, sugerindo conclusão. O princípio é o fim. Nós também poderemos ressuscitar da cruz, da matéria, sacrificando a nossa individualidade separada.

Encontra-se potencialmente em todo o lado e em todas as coisas, mas em toda a sua perfeição e plenitude apenas numa coisa". Tudo foi tentado. Os sopradores tentaram sem sucesso "pós diversos, cinzas, *dong*, urina e argila", tal como Chaucer descreve em *Canon Yeoman*. Mas todos os que realmente a procuram de coração e alma, a encontrarão.

O SURGIMENTO DA DIVERSIDADE DA UNIDADE É O TEMA DA NUMEROLOGIA HERMÉTICA, DAÍ A LENDÁRIA MÁXIMA DE MARIA PROHETISSA, "UM TORNA-SE DOIS, DOIS TORNA-SE TRÊS E, DO TERCEIRO, VEM O UM COMO QUARTO".

Dualidade

NA CAMA DO AMOR

A Rainha (mercúrio) encoraja o Rei (enxofre) para deixar voar o seu espírito. É o desejo que junta os opostos polarizados em harmonia. Assim, dois significa separação e desejo.

No primeiro livro da *Hermética*, Hermes relata uma visão da Criação: "Observei uma vista infinita; tudo foi mudado para luz, uma luz suave e alegre; fiquei maravilhado quando a vi. E, passado um bocado, apareceu numa parte uma escuridão inclinando-se para baixo, terrível e assustadora...E logo depois vi a escuridão mudar para uma substância aquosa, que era sacudida indescritivelmente e deitava fumo como um fogo; e ouvi-a fazer um som indescritível de lamentação; e dali foi arremessado um grito inarticulado." Este é o render do Um, a dor lancinante da separação como quando o absoluto cai sobre si próprio para precipitar o processo que leva à manifestação.

O princípio divino separa-se em dois para formar a matriz, o ventre da criação do qual tudo provém. Dois é dualidade, a lei dos opostos, a tensão dinâmica do universo criado. É luz e escuridão, activo e passivo, alto e baixo, masculino e feminino, yin e yang. Representa desejo porque todas as coisas nascidas na dualidade procuram o seu par, a sua cara-metade. Estes casais são representados alquimicamente pelo enxofre e mercúrio, o Rei Vermelho

e a Rainha Branca, o Sol e a Lua. Como amantes que procuram união, representam equilíbrio e harmonia. Estes são pares complementares, mas dois também representa separação.
O filósofo tem de lidar dentro de si com esta turbulência interna e reconciliar os opostos antagónicos, como amor e ódio para encontrar transcendência no Um. O conflito interno é por vezes retratado nas gravuras alquímicas por pares de criaturas a lutar, como cães e lobos, dragões e pássaros. Estas criaturas muitas vezes representam substâncias específicas usadas para separar o puro do impuro, o subtil do vulgar. Pois a própria *prima materia* está presa no mundo dualista e tem de ser libertada da sua prisão para ser aperfeiçoada. Este princípio é representado por dois dragões a morder a cauda um do outro. Um é alado (volátil), o outro não (fixo).
O velho mote da Alquimia *Solve et Coagula* ("dissolve [o corpo] e solidifica [o espírito]") tem de ser aplicado (ver págs. 32-33). Com a repetição paciente deste processo, o fixo (matéria) e o volátil (espírito) tornam-se perfeitos como um. A matéria aperfeiçoada ou adepto é muitas vezes simbolizado pela androginia ou hermafrodita.

SOL E LUA

"O Sol precisa da Lua como o galo da galinha." Assim mostra a galanteadora Luna ao relutante Sol, apontando para o galo emproado.

A UNIÃO DO ENXOFRE (ALMA) COM MERCÚRIO (ESPÍRITO), OS OPOSTOS CRIADOS PELA DUALIDADE, PRODUZ SAL (FORMA), O TERCEIRO PRINCÍPIO. TODAS AS COISAS MANIFESTADAS NA CRIAÇÃO, ENTÃO, SÃO CONSTITUÍDAS POR ALMA, ESPÍRITO E FORMA.

A Trindade

Tal como vimos, o acto da Criação forma a trindade de Deus a Mãe, Deus o Pai e Deus o Sol. Estes três aspectos do absoluto são análogos à alma, espírito e corpo, chamados em Alquimia enxofre, mercúrio e sal. Estes são os *princípios filosóficos* e não devem ser confundidos com as substâncias com o mesmo nome, com as quais têm apenas uma ligação muito parcial. Estes três princípios estão presentes em todas as coisas manifestadas no Universo. Na verdade, sem nenhum destes princípios, nada pode existir. Nem mesmo os minerais. Ou os elementos. Foi Paracelso, o grande reformador da Alquimia, que, como Rhazes alguns séculos antes, enfatizou a importância do terceiro princípio do sal em adição à dupla tradicional do enxofre e mercúrio. O sal adiciona a terceira dimensão que permite às coisas manifestarem-se no plano material. É o veículo para a existência física.

Enxofre – é activo, masculino, impetuoso, o princípio solar. É a alma, a consciência, o espírito individual.

Mercúrio – é passivo, feminino, húmido, o princípio lunar. É o espírito, a força da vida, a alma universal em todas as coisas.

Sal – é o corpo, o precipitador, o rebento do casamento do enxofre e mercúrio, o filho do Sol e da Lua. Media os dois, harmoniza-os, reconcilia os seus princípios opostos, e torna-os complementares e compatíveis. É a sua *raison d'être*, sem a qual a dualidade não teria propósito. A dualidade é estabelecida para dar à luz a Criação, o sal é a criança do enxofre e mercúrio. Como o sal, o enxofre, a alma consciente, media entre o corpo e o espírito, harmonizando e fundindo-os, transformando-os numa única essência, que por sua vez liberta a alma, permitindo a realização de todo o seu potencial e retribuindo-lhe com a imortalidade.

Na sua polaridade com o enxofre, o mercúrio é limitado e especificado. Mas em si, é misterioso, ardiloso, ambivalente e androgénio (apenas quando qualificado em relação ao enxofre é fixado como feminino). É anónimo, mas tem muitos nomes: Hyle, Caos, Água caótica, Água Viva, Fonte Eterna, Basilisco Filosófico e mesmo *prima materia,* Mercúrio Original. Quando fixado pelo enxofre, o mercúrio torna-se a Grande Mãe, o princípio da vida, a força da vida vitalizadora, *Prana, Chi.* O Mercúrio também media o enxofre e o sal. Como explica Bernard de Treviso: "Este (mercúrio) invade e penetra, como espírito, os outros dois princípios, sal e enxofre, que une e controla constantemente, através do calor natural." Assim, estes três princípios filosóficos expressam a dinâmica que permite a existência do universo – e de todas as coisas – e que explica a designação de Hermes "Três Vezes Grande", pois é o mestre do triplo mistério da criação.

OS TRÊS PRINCÍPIOS

Os três princípios de enxofre, mercúrio e sal são ressuscitados em pleno vigor, do corpo do ouroboros mercurial.

TODAS AS COISAS MATERIAIS SÃO MISTURAS DOS QUATRO ELEMENTOS FILOSÓFICOS. O EQUILÍBRIO DOS ELEMENTOS DETERMINA A NATUREZA DAS COISAS. A DIFERENÇA ENTRE ÁLCOOL E ÁGUA, DUMA PERSPECTIVA ALQUÍMICA, É QUE O ÁLCOOL CONTÉM MAIS FOGO E É POR ISSO MAIS VOLÁTIL. DAÍ O APELIDO ESPIRITUOSO.

OS QUATRO ELEMENTOS

Todas as coisas têm a sua existência nos três princípios filosóficos de alma, espírito e corpo. Esta trindade anima todas as coisas no mundo material. A trindade dá lugar aos quatro elementos filosóficos de fogo, água, terra e ar, que definem a forma material de todas as coisas manifestas. Estes não devem ser confundidos com as substâncias com as quais partilham o nome, nem correspondem a elementos químicos. Tal como a trindade, não são coisas, mas *princípios*. Estes princípios são constituídos por pares de quatro *qualidades:* quente, seco, frio e húmido.

Cada elemento partilha ambas as suas qualidades com outro elemento. Isto fornece a dinâmica que permite a transformação dentro da matéria. Sólidos de terra podem derreter-se em líquidos húmidos, que por sua vez se tornam em gases, ambos inflamáveis e inertes, que podem condensar-se em fluidos ou queimar. O fogo é o mais volátil dos elementos, a terra a mais fixa. Fogo e ar são os elementos masculinos, terra e água os femininos. Todas as coisas são mistas, misturas das qualidades dos quatro elementos.

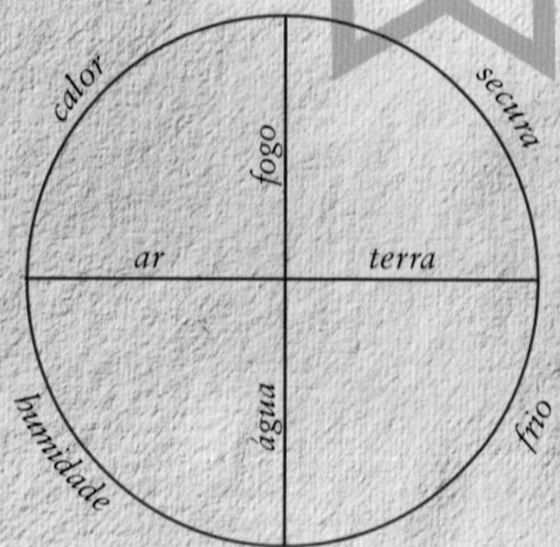

fogo – é quente e seco. É simbolizado pelo triângulo de pontas para cima, sendo volátil e ascendente.

ar – é quente e húmido. Põe um travão na natureza ascendente do fogo, o triângulo é cortado.

água – é fria e húmida. Como elemento descendente, o seu sinal é o triângulo de pontas para baixo.

terra – é frio e seco. Pára a queda da água, por isso o seu triângulo é atravessado.

Os elementos nada têm a ver com densidade. A água (H_2O) e o álcool têm uma densidade semelhante, mas o álcool (também conhecido por aguardente) contém consideravelmente mais fogo elementar e a água mais ar. Na verdade, o álcool destilado, produzido primeiro pelos alquimistas, foi considerado uma substância maravilhosa por parecer casar os elementos de fogo e água, contendo as mais pequenas quantidades de terra e ar.

Quando Robert Boyle pôs termo à teoria filosófica dos elementos no *Químico Céptico* (1661), começando a redefinição científica dos elementos como substâncias imutáveis, estava a afirmar, o que para o adepto, era óbvio, mas perdia um ponto. A relevância dos elementos filosóficos como chave para o entendimento da dinâmica da vida permanece claro.

A SALAMANDRA

A salamandra da mitologia supostamente vive no fogo. É uma criatura elementar, uma entidade espiritual que personifica o fogo. É também equacionada com o enxofre, inflamável, o princípio solar da dualidade enxofre e mercúrio.

De todos os princípios filosóficos, nenhum é tão misterioso e inatingível como a quintessência, a quinta--essência ou elemento, que é oculto nos quatro elementos filosóficos e equaciona com o fogo secreto, a faísca da divindade dentro de todas as coisas.

A Quinta-Essência

Os quatro elementos ocultam em si o quinto elemento, conhecido por *quinta essencia,* a quinta-essência ou Azoth. Esta era a conotação de ser a essência absoluta de uma coisa e, como tal, muitos magistérios alquímicos (produtos ou medicamentos) são apelidados de quinta-essências, particularmente os que são destilados, porque a destilação liberta a alma e o espírito da matéria. Alguns alquimistas chamam ao espírito do vinho (brandi destilado) uma quinta-essência e, na verdade, preenche o critério descrito por Isaac Newton: "A quinta-essência é algo espiritual, penetrante, tingidor e incorruptível que emerge de novo dos quatro elementos quando estão ligados uns aos outros".

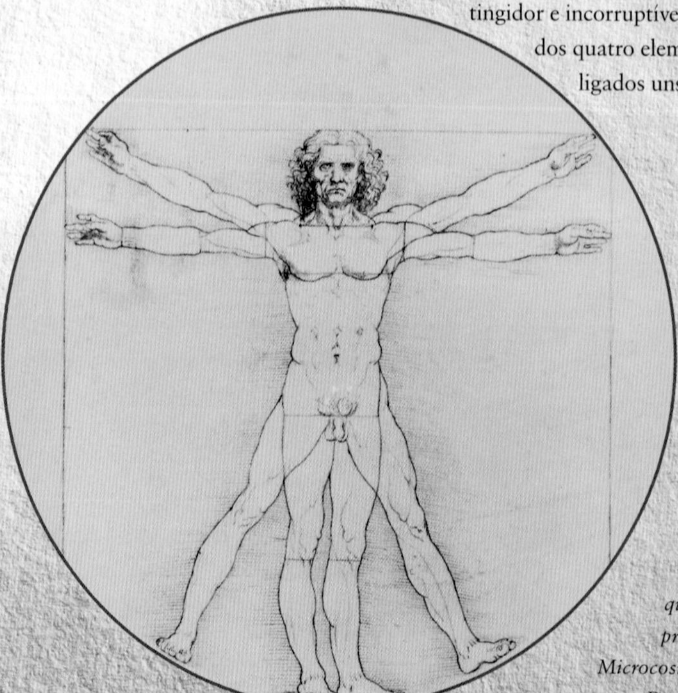

HOMEM UNIVERSAL

A famosa representação do Homem magicamente proporcionado de Leonardo da Vinci, que quadrangula o círculo e que prova a si próprio o ideal de Microcosmos, a reflexão perfeita de Deus, o Macrocosmos divino.

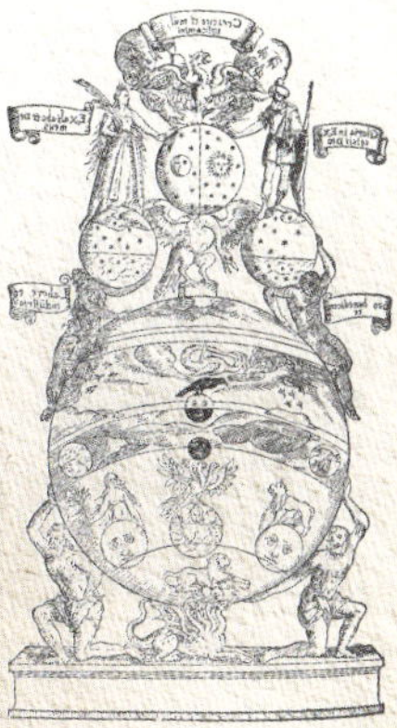

Paracelso considera-a como o extracto dos elementos, o seu substrato incorruptível e eterno. Manfred Junius apelida-a de "A origem e objectivo de todas as coisas".

É muitas vezes dito que a quinta-essência não é o produto dos elementos, mas um dos três princípios filosóficos. De facto, é os três: a trindade em tudo. A quinta-essência é a alma e o espírito dentro de todas as coisas. É também o sal que permite o surgimento através dos quatro elementos. Isto revela-se nada menos que o fogo sagrado, a centelha da luz eterna da primeira combustão da Criação. É a divindade em todas as coisas, o Sol interno no qual se encontra a verdadeira identidade. Os alquimistas atribuem-lhe muitos nomes: Espírito Universal, Fonte que nunca falha, *clavis philosophorum, seminarium mundi, substancia coelestis* ("chave dos filósofos, creche do mundo, substância celeste"), Mãe das Águas e, até mesmo, Mercúrio.

A quinta-essência pode ser simbolizada pelo pentagrama, a figura que divide mais perfeitamente o círculo. Representa o microcosmos, o individual contendo todo o Universo no seu interior.

De acordo com a lenda, o Selo de Salomão era um selo colocado num anel oferecido a Salomão pelo Arcanjo Rafael para o ajudar a deter os demónios que provocavam problemas na construção do Templo. A estrela de seis pontas simboliza o casamento do Céu e da Terra, a síntese de todos os elementos e, deste modo, a união de opostos.

O Selo de Salomão

O Selo de Salomão é um hexágono, uma estrela de seis pontas conseguida por dois triângulos equiláteros sobrepostos. Simboliza a união de fogo e da água, o casamento da alma e do espírito, enxofre e mercúrio, o Casamento Químico. É a união do superior com o inferior, o casamento de céu e terra, o macrocosmos e o microcosmos, duas coisas transformam-se em uma. A resolução harmoniosa e a fusão de opostos representam o completar da Grande Obra e corresponde a seis dias de Criação, a Grande Obra do absoluto.

O hexágono é conhecido na Alquimia indiana como *Sri--Yantra*, sendo a interpenetração completa de Shiva e Shakti, os princípios masculino e feminino. O alquimista Jacob Boheme chama-lhe "o sinal mais carregado de significado em todo o universo". Via-o como um símbolo de Cristo como androgénio, o humano divino em harmonia perfeita, reconciliador de tudo.

Dentro do símbolo encontramos o um, muitas vezes enfatizado pelo fechamento através do ouroboros; a dualidade de fogo e água e superior e inferior; a trindade, implícita na repetição de triângulos; e os

UNIDADE E SÍNTESE

O Arcanjo Miguel preside ao "selo do sábio". Na inscrição em redor do selo lê-se "três vezes conduzo da unidade à unidade". O selo em si é marcado com os símbolos dos planetas e as palavras enxofre, mercúrio, sal, fogo, ar, terra e água (em Latim), implicando a unidade intrínseca da Criação.

quatro elementos. Implícita, também, está a quinta-essência como centro místico, encontrado através da meditação de um símbolo como uma mandala. Isto revela o hexágono como sendo outro símbolo de Mercúrio, o agente da dissolução e resolução, sem o qual não haverá início ou final da Grande Obra.

As seis pontas da "Estrela do Sábio" denotam as seis direcções alquímicas: Norte, Sul, Este, Oeste, Superior e Inferior, que, como pares, definem as três dimensões da realização da Grande Obra.

Como acima, assim em baixo

A Astrologia e a Alquimia estão intimamente ligadas. Na verdade, todos os alquimistas trabalham com aspectos da Astrologia e partilham os seus símbolos. O dito hermético, "como em cima, assim em baixo", coloca a Astrologia como pilar central do pensamento hermético. O mapa do céu é o mapa da terra, e aqueles que podem ler o céu entenderão o funcionamento de todas as coisas na Terra.

O sistema solar é um corpo singular; os planetas, incluindo o Sol e a Lua, são os órgãos vitais daquele corpo e correspondem a um órgão no interior do corpo humano, bem como a arquétipos da psique humana. O equilíbrio dos atributos planetários contidos no corpo varia de indivíduo para indivíduo, assim como o equilíbrio dos quatro elementos (ver págs. 70-71) varia em todas as misturas, incluindo plantas e minerais. Poderemos, por exemplo, descrever alguém como sendo saturnino ou mercurial se exibirem fortemente certas qualidades de Saturno ou Mercúrio. Paracelso enfatiza a correspondência planetária no que diz respeito a doenças e medicamentos. Se o paciente sofre do coração, por exemplo, reflecte uma fraqueza ou falta de equilíbrio de energias marciais, a razão por detrás de um problema no sangue. O medicamento correspondente deve, assim, ser feito de uma planta governada por Marte, como uma urtiga, ou do ferro, o metal de Marte. Isto é o que Paracelso afirma ao dizer:"Os medicamentos não têm valor, se não vierem do Céu".

Paracelso enfatizou repetidamente a importância de trabalhar com as estrelas. Tal como um astrólogo, um alquimista deve conhecer a natureza inata das estrelas, a sua aparência e propriedades, tal como um médico entende a natureza de um paciente, e também a concordância das estrelas, qual a sua posição em relação aos homens, animais, aos quatro elementos e a tudo aquilo que cresce e brota das matrizes dos elementos.

Na Filosofia hermética, os sete corpos visíveis do sistema solar (todos eles referidos como "planetas", incluindo o Sol e a Lua) representam estádios consecutivos no desdobramento e desenvolvimento do mundo. São muitas vezes representados na arte alquímica como uma escada que temos de subir se desejarmos regressar ao Absoluto. As esferas planetárias interiores têm de ser purificadas e os seus desafios encontrados e vencidos no caminho do regresso. Nas páginas seguintes, examinaremos os papéis e atributos dos sete corpos planetários vigentes e veremos como ressoam no nosso interior. São dadas listas de correspondências, que ajudam a nos sintonizarmos nas energias dos planetas e a observar os seus sinais na Natureza.

Como exercício, é muito útil meditar num planeta no seu dia correspondente. Podemos contemplar os seus atributos e correspondências enquanto queimamos um incenso apropriado. Podemos então visualizar activamente o símbolo do planeta antes de permitirmos às nossas mentes esvaziarem-se e passivamente receberem qualquer impressão que esteja à nossa espera.

OS RAIOS DE DEUS

Os sete raios do Sol de Deus brilham sobre as montanhas contendo os metais planetários. Os mineiros extraem os minérios e cheiram os metais.

SATURNO

Saturno é o guardião da entrada, muitas vezes representado como um dragão, entre o mundo material e espiritual, onde a eternidade se transforma em tempo e espaço. Saturno, o mais distante, mais vagaroso e menos visível de todos os planetas, é o planeta da restrição e inibição. Saturno pode ser um mestre severo, causador de isolamento, depressão e calamidade até nos dominarmos.

No simbolismo alquímico, Saturno é apresentado como a figura esquelética da morte ou Velho Pai do Tempo, cortando sem misericórdia o velho ou indigno com a sua foice. Isto também se aplica às impurezas do material trabalhado pelo alquimista, incluindo os aspectos correspondentes no interior de si próprio. Encontrar este aspecto representa a iniciação do *nadir*, o tumulto que acaba quando nos apercebemos que estamos condenados, a não ser que nos empenhemos no caminho de regresso e abandonemos a folia e frivolidade, para salvarmos a alma. É aqui que a Grande Obra se inicia.

Correspondências

PRINCÍPIOS: *inibição, concentração.*

DIA DA SEMANA: *sábado.*

METAL: *chumbo.*

SIGNO DO ZODÍACO: *Capricórnio.*

ELEMENTO: *terra.*

CORES: *preto iridescente, púrpura. Na Grande Obra é o nigredo, o estádio negro.*

PROCESSO: *calcinação.*

DIVINDADES: *Crono/Saturno, Ceridwen.*

CRIATURAS: *tartaruga, castor, rato do campo, minhoca, garça, corvo, formiga, térmita.*

PEDRAS: *ónix, azeviche, obsidiana, coral negro, carvão.*

INCENSO: *mirra, nardo, harmala, copal, aloé, feno-grego*

PLANTAS: *a maior parte das íris, lóios, milho.*

ÁRVORES: *faia, azevinho, choupo, pinheiro escocês, teixo.*

PLANTAS MEDICINAIS: *equisseto, consolda, verbasco, violeta, ceanoto-da-américa, uvas de urso*

PARTES DO CORPO: *estrutura óssea, dentes, tendões, articulações, baço.*

FUNÇÕES CORPORAIS: *todos os processos de fortalecimento e envelhecimento; circulação sanguínea nos tecidos.*

FUNÇÕES MENTAIS: *memória de longa duração.*

MAUS FUNCIONAMENTOS: *reumatismo, depressões, letargia, envelhecimento.*

VIRTUDES: *disciplina, sinceridade, humildade, perseverança, aceitação, sabedoria.*

DEFEITOS: *melancolias, excentricidade, desconfiança, isolamento, inflexibilidade, vileza.*

PALAVRA-CHAVE: *saturnino.*

CRIANÇA A MATAR O DRAGÃO

Os dragões puxam a carruagem celestial do severo Saturno. Em pano de fundo estão os motivos saturnianos – pobreza, velhice, morte, punição, purificação. No alambique, Mercúrio medicamenta o dragão com um medicamento venenoso e atiça os fogos interiores que o reduzirão a cinzas.

JÚPITER

Júpiter é de longe o maior dos planetas visíveis. Possui treze luas atraídas pelo seu campo magnético poderoso. As suas energias são trazidas para terra pelo vento solar. Júpiter contrasta com as qualidades restritivas e inibidoras de Saturno, é expansivo, generoso, caloroso e jovial. É o fogo da Natureza, o calor em todas as coisas. Na mitologia romana, Júpiter é robusto, o rei dos Deuses do Olimpo, indulgente consigo próprio. A tendência para o excesso é a sua principal fraqueza. Tal como acontece com todos os planetas, as suas qualidades podem ser invertidas sob a má influência dos outros. Júpiter preside à harmonia, lei e religião.

O processo alquímico da sublimação é simbolizado pela história em que Júpiter, sob a forma de uma águia, carrega o seu despenseiro, Ganimedes, para o Céu. A sedução de Dánae, em forma de chuva dourada, simboliza a destilação do ouro filosófico.

Correspondências

PRINCÍPIOS: *harmonia, justiça.*

DIA DA SEMANA: *quinta-feira.*

METAL: *estanho.*

SIGNO DO ZODÍACO: *Sagitário e Peixes.*

ELEMENTO: *fogo.*

CORES: *malva, azul, púrpura. Na Grande Obra é o cinzento.*

PROCESSO: *dissolução*

DIVINDADES: *Zeus/Júpiter/Jove, Sobek, Math, Dagda.*

CRIATURAS: *baleia, golfinho, peixe, elefante, cavalo, águia, aves aquáticas, abelha.*

PEDRAS: *safira, lápis-lazúli, ametista, turquesa, tanzanite, todas as pedras azuis e púrpuras.*

INCENSO: *mirra, sândalo, benjoim, lentisco, cedro, funcho, noz-moscada.*

PLANTAS: *lilás, morrião escarlate, cravo, jacinto, hissopo.*

ÁRVORES: *carvalho, freixo, bordo, castanheiro, cedro.*

PLANTAS MEDICINAIS: *arnica, borragem, erva-cidreira, salva, ginsengue, consolda, verbasco, echinacea, dente-de-leão.*

PARTES DO CORPO: *fígado, artérias, órgãos digestivos, nádegas, orelha direita, órgãos sexuais exteriores, pés.*

FUNÇÕES CORPORAIS: *sistema imunológico, economia de açúcar, conservação de energia, formação de células, assimilação de alimentos.*

FUNÇÕES MENTAIS: *memória, humor.*

MAU FUNCIONAMENTO: *cancro, cirrose, úlceras estomacais.*

VIRTUDES: *generosidade, justeza, benevolência, misericórdia, compaixão.*

DEFEITOS: *vaidade, indulgência, ganância, materialismo.*

PALAVRA-CHAVE: *jovial (de Jove, o nome alternativo de Júpiter).*

TRÊS PÁSSAROS

Júpiter preside ao poder e justiça benigna. Os pavões a puxar a carruagem denotam o esplendor principesco e o estádio da obra conhecida como cauda pavonis ("cauda do pavão"), anunciando a chegada de Marte. O calor de Jove eleva a temperatura do alambique para uma fermentação, na qual Tria Prima ("Três Princípios") se separam e fervem.

MARTE

O severo planeta vermelho do ferro representa o princípio intensamente masculino, activo e dinâmico. Os seus efeitos são intensificadores, aceleradores e violentos. Tal como o deus da guerra romano, Marte tem uma reputação tradicional, juntamente com Saturno, de serem um corpo maligno num conflito com outros planetas. Os aspectos negativos incluem crueldade, destruição e poder de vontade, coragem e paixão.

Paracelso diz-nos que Marte governa a polaridade entre o cérebro e os órgãos sexuais. Esta é conduta para *Kundalini*, o poder da serpente na Alquimia indiana. Jacob Boehme chama a Marte "a roda da ansiedade." No simbolismo alquímico Marte é muitas vezes representado como um guerreiro manuseando uma espada. Com Vénus, é associado com o estádio *cauda pavonis* (cauda do pavão) da Grande Obra. Esta exibição deslumbrante de cores precede o *albedo*, o estádio branco da Obra.

Correspondências

PRINCÍPIOS: *energia.*

DIA DA SEMANA: *terça-feira.*

METAL: *ferro.*

SIGNO DO ZODÍACO: *Carneiro e Escorpião.*

ELEMENTO: *fogo.*

CORES: *vermelho.*

PROCESSO: *separação.*

DIVINDADES: *Ares/Marte, Tiu/Tyr, Bishamon, todos os deuses da guerra.*

CRIATURAS: *raposa, carneiro, tordo, pardal, escorpião, todos os insectos que picam menos as abelhas.*

PEDRAS: *rubi, granada, jaspe sanguíneo, cornalina, coral vermelho.*

INCENSO: *cipreste, aloé, tabaco, pinho, cedro vermelho.*

PLANTAS: *anémona, gerânio, garança, genciana amarela, madressilva.*

ÁRVORES: *árvores com espinhos, pinheiro, cedro da Virgínia, cipreste, rododendro.*

PLANTAS MEDICINAIS: *espinheiro, urtiga, salsaparrilha, noz-vómica, manjericão.*

PARTES DO CORPO: *sistema muscular, glóbulos vermelhos, órgãos sexuais, galha, corpo astral.*

FUNÇÕES CORPORAIS: *calor corporal, kundalini, formação sanguínea.*

FUNÇÕES MENTAIS: *actividade cerebral esquerda.*

MAU FUNCIONAMENTO: *febres, inflamação, pressão arterial alta, hemorragias.*

VIRTUDES: *coragem, determinação, paixão, protecção.*

DEFEITOS: *ira, impulsividade, crueldade, brutalidade, destruição.*

PALAVRA-CHAVE: *marcial.*

PÁSSARO DE TRÊS CABEÇAS

A carruagem de Marte é puxada pelos cães da guerra. As rodas mostram o carneiro e o escorpião do Zodíaco. O fomentador da guerra põe tudo à mercê da espada ou do archote. O calor gerado pelos fogos de Marte sublima os Tria Prima *("Três Princípios") que recombinam harmoniosamente no alambique.*

O SOL

O Sol é vitalidade e consciência. É alma individual oposta ao espírito, representado pela Lua. Na Alquimia, é referido pelo seu nome latino, *Sol*. É identificado com o ouro, o metal aperfeiçoado, envolvido na perfeição com o seu calor e transformando raios em cadinho da Terra. É muitas vezes identificado com o Leão Vermelho, ou Tintura vermelha, a própria Pedra Filosofal. Formando um par com a Lua, ou como Rei Vermelho, com a Rainha Branca, é o enxofre, o quente, seco, o princípio masculino, o activo, a semente geradora, chamado o Pai da Pedra.

Na esfera planetária, a influência do Sol é benigna, mas se demasiado enfatizado pode gerar orgulho e egocentrismo. Sem a influência refrescante e húmida da Lua, pode ser deserto, árido e queima. Na Grande Obra é associado com os processos de coagulação e conjunção. Significa o *rubedo*, o estádio avermelhado da Grande Obra. O Sol governa o coração, a circulação e a saúde.

Correspondências

PRINCÍPIOS: *a alma, consciência, vitalidade.*

DIA DA SEMANA: *domingo*

METAL: *ouro*

SIGNO DO ZODÍACO: *Leão*

ELEMENTO: *fogo*

CORES: *dourado, vermelho.*

PROCESSO: *coagulação, conjunção, digestão.*

DIVINDADES: *Apolo, Hélio, Bel, Ra, Mithras.*

CRIATURAS: *leão, todos os gatos, melro, borboletas amarelas e laranjas.*

PEDRAS: *rubi, olho-de-tigre, âmbar, crisólito.*

INCENSO: *olíbano, mirra, copal, canela, bergamota.*

PLANTAS: *peónia, malmequer, girassol.*

ÁRVORES: *nogueira, freixo, citrinos, loureiro, zimbro.*

PLANTAS MEDICINAIS: *camomila, eufrásia, hipericão, alecrim.*

PARTES DO CORPO: *coração, coluna dorsal, plexo solar, olhos.*

FUNÇÕES CORPORAIS: *circulação, distribuição de calor e energia.*

FUNÇÕES MENTAIS: *organização mental.*

MAU FUNCIONAMENTO: *baixa vitalidade, problemas cardíacos.*

VIRTUDES: *saúde, vitalidade, organização, poder.*

DEFEITOS: *orgulho, egoísmo.*

PALAVRA-CHAVE: *solar.*

DRAGÃO DE TRÊS CABEÇAS

A única roda da carruagem do Sol indica a presidência de Leão. No alambique a matéria incorporou-se, pronunciando aspectos leoninos. As cabeças mostram as cores que marcam os principais estádios da Obra: albedo *(branco)*, rubedo *(vermelho)*, e nigredo *(negro)*.

VÉNUS

Vénus é o planeta do amor, a musa da arte, a amizade e a música. Como governante do signo do Zodíaco de Balança, Vénus ajuda na mediação entre opostos e a integrar diversos elementos num equilíbrio harmonioso. Pensamos em Vénus como a deusa romana do amor, conhecida como Afrodite na Antiga Grécia, mas, para os Egípcios, Indianos e Hebreus esta divindade planetária é masculina. Para os Indianos é o deus masculino Sukra, com alguns dos atributos do egípcio Tote, sendo professor e médico. A lenda relata que Sukra possuía o Elixir da Imortalidade, conhecido na Alquimia Ocidental como o Leão Branco ou Pedra Branca. Isto associa intimamente Vénus à Alquimia.

Vénus governa órgãos e funções importantes no corpo humano, incluindo os rins, os órgãos sexuais internos, a formação de sangue e células e o olfacto. Vénus é associada ao processo de fermentação e à exibição de cores da *cauda pavonis* ("cauda do pavão") durante a Grande Obra.

Correspondências

PRINCÍPIOS: *amor, arte.*

DIA DA SEMANA: *sexta-feira.*

METAL: *cobre.*

SIGNO DO ZODÍACO: *balança e touro.*

ELEMENTO: *ar.*

CORES: *rosa, esmeralda.*

PROCESSO: *fermentação.*

DIVINDADES: *Vénus/Afrodite, Sukra, Ishtar, Benten, Lakshmi, Chenrezi.*

CRIATURAS: *veado, coelho, pomba, andorinha, borboleta.*

PEDRAS: *esmeralda, quartzo rosa, opala, jade, malaquita, coral rosa.*

INCENSO: *sândalo, estoraque, gálbano, valeriana, violeta.*

PLANTAS: *rosas vermelhas/rosas, orquídea, primavera, violeta, aquilégea.*

ÁRVORES: *macieira, pereira, cerejeira, sabugueiro, tília, castanheiro.*

PLANTAS MEDICINAIS: *milefólio, alquemila, leonoros, verbena*

PARTES DO CORPO: *aparência, lábio superior, garganta, peito, rins, abdómen, órgãos sexuais internos.*

FUNÇÕES CORPORAIS: *formação de células e nervos, processos diuréticos e eméticos, olfacto.*

FUNÇÕES MENTAIS: *criatividade artística.*

MAU FUNCIONAMENTO: *problemas relacionados com os órgãos sexuais e rins.*

VIRTUDES: *harmonia, proporção, beleza, afectos.*

DEFEITOS: *sentimentalidade, falta de modéstia e de gosto, intemperança.*

PALAVRA-CHAVE: *venusiana.*

O PAVÃO

Vénus chega, puxada por um par de pássaros do amor com a figura de Cupido/Eros na proa. As pessoas envolvem-se em actividades sensuais com ela a presidir – música, dança, namoro e folia. No alambique, uma exibição maravilhosa do pavão, um sinal de que a Obra está no bom caminho.

O planeta Mercúrio é o que se move mais depressa, o serviço mensageiro mercurial, media o superior e o inferior. Governa processos mentais, a linguagem, as comunicações, a adaptabilidade e o intelecto. Tem uma qualidade ambivalente, consanguínea com a figura mais malandra em algumas tradições, que prepara ciladas para lhes mostrar a sua insensatez. Qualquer pessoa que tenha praticado alguma Alquimia laboratorial prática sabe as ciladas que pode armar para distrair, enganar ou aborrecer. Força-nos a ter todos os sentidos em alerta máximo.

MERCÚRIO

Como planeta e deus, Mercúrio não deve ser confundido com o mercúrio da dupla enxofre--mercúrio. Como entidade planetária, é andrógino, contendo no seu interior todos os opostos. É, por isso, um operador livre, independente de um oposto polar, embora tenha uma relação antagónica com Saturno. É simbolizado por uma criança (Mercúrio) a matar um dragão (Saturno), iniciando a Grande Obra, liquidando as forças que aprisionavam a *prima materia*.

Correspondências

PRINCÍPIOS: *mediação, inteligência.*

DIA DA SEMANA: *quarta-feira.*

METAL: *mercúrio.*

SIGNO DO ZODÍACO: *gémeos, virgem.*

ELEMENTO: *ar.*

CORES: *cor-de-laranja, amarelo.*

PROCESSO: *destilação, circulação.*

DIVINDADES: *Mercúrio/Hermes, Tote, Quetzalcoatl, Viracocha, Kukulkan.*

CRIATURAS: *coiote, macacos, corvo, íbis, mosca.*

PEDRAS: *opala, topázio, turmalina, cornalina, peridoto.*

INCENSO: *anis, lavanda, goma-arábica, estoraque.*

PLANTAS: *azálea, dedaleira vermelha, lírio--do-vale, ínula.*

ÁRVORES: *aveleira, acácia, murta, amoreira.*

PLANTAS MEDICINAIS: *absinto, mandrágora, valeriana, scutellaria galericulata, salsa.*

PARTES DO CORPO: *orelhas, língua, sistema nervoso, mãos, pés, pulmões, medula, tiróide.*

FUNÇÕES CORPORAIS: *processos mentais e nervosos, audição, discurso, respiração, coordenação.*

FUNÇÕES MENTAIS: *intelecto, discurso.*

MAU FUNCIONAMENTO: *danos no sistema nervoso e nas funções motoras ou no discurso, dislexia.*

VIRTUDES: *comunicação, mediação, bom ouvido, diplomacia.*

DEFEITOS: *trapaceiro, frieza, avareza, crueldade mental.*

PALAVRA-CHAVE: *mercurial.*

A VIRGEM

A aparição da Rainha Branca é anunciada por Mercúrio e os seus frangos cacarejantes. Embora uma virgem pura, foi fecundada e traz a criança real do Sol. É o albedo, o Elixir, e estádio anterior à absoluta perfeição, mas bastante incorruptível.

A Lua

A Lua governa as emoções, os instintos e o subconsciente. É feminina, criativa, reflexiva e mutável. Influencia a fertilidade, o crescimento e a concepção. As águas do oceano, a seiva nas plantas e todos os fluidos corporais são influenciados pela Lua, como é provado pelas marés e ciclos menstruais femininos. Tudo o que brota da terra o faz sob o ritmo da Lua.

A Lua governa sonhos, emoções, sensualidade, intuição e maneira de sentir. O lado obscuro é o inconsciente, o selvagem, os instintos básicos. É a noiva do Sol, muitas vezes chamada pelo seu nome latino, *Luna*, ou Diana, a deusa lunar dos Romanos. É também mercúrio para o enxofre do Sol, o princípio feminino, frio, húmido e passivo que recebe a semente do enxofre e carrega no ventre a criança hermafrodita. Psicologicamente, governa o estômago, o cerebelo e o pâncreas. A Lua está intimamente associada com os processos alquímicos da coagulação e conjunção e é o símbolo do Leão Branco ou Pedra Branca, o Elixir da Imortalidade.

Correspondências

PRINCÍPIOS: *o princípio feminino, o espírito.*

DIA DA SEMANA: *segunda-feira.*

METAL: *prata*

SIGNO DO ZODÍACO: *caranguejo.*

ELEMENTO: *água.*

CORES: *prata, violeta, púrpura real.*

PROCESSOS: *conjunção, coagulação.*

DIVINDADES: *Isis, Artemisa, Diana, Selene, Cibéle, Arianrhod, Astarte.*

CRIATURAS: *mariscos, lobo, mocho, rouxinol, mariposa, aranha.*

PEDRAS: *opala azul, pérola, água-marinha.*

INCENSO: *cânfora, jasmim, ylang-ylang*

PLANTAS: *açucenas, acanto, lírios da água, lírios pálidos.*

ÁRVORES: *salgueiro, magnólia.*

PLANTAS MEDICINAIS: *árvore-da-castidade, amor-de-hortelão, papoila de ópio, pervinca.*

PARTES DO CORPO: *menstruação, crescimento, fertilidade, secreção glandular.*

FUNÇÕES MENTAIS: *memória, subconsciente, instinto, intuição, reflexão, sonhos.*

MAU FUNCIONAMENTO: *psicoses, esquizofrenia, licantropia.*

VIRTUDES: *sensibilidade, instinto maternal, benevolência.*

DEFEITOS: *mau humor, impressionabilidade, hipersensibilidade, defensiva.*

PALAVRA-CHAVE: *lunar, sentimento.*

O REI VERMELHO

Luna, a governante do Caranguejo, a mãe, chega numa carruagem puxada por duas parteiras. Acabou de dar à luz o Rei Vermelho, a soma de toda a perfeição, a própria Pedra, cujo globo e ceptro dourado, manto real púrpura e a aura dourada proclamam a sua absoluta majestade.

Os processos aos quais a matéria é sujeita no curso da Grande Obra estão muitas vezes ligados a uma escada ou degraus que levam a um templo. Tal como a escada de Jacob, faz a ligação entre o superior e o inferior.

A Escada dos Sábios

A Grande Obra é constituída por vários estádios e processos. Na literatura alquímica, estes estádios estão quase sempre invariavelmente apresentados como processos laboratoriais, descritos usando uma imagética altamente complexa, tanto verbal como gráfica. Nesses tratados como o de J. D. Mylius *Philosophia Reformata* e o *Splendor Solis* de Solomon Trismosin, o texto e o grafismo aparentam pouca relação. Para o trabalho do alquimista no plano interior, a imagética das gravuras alquímicas pode muitas vezes falar mais eloquentemente que o texto que as acompanha. Essas gravuras normalmente oferecem o seu significado ao longo do tempo, após uma meditação repetida, particularmente quando uma série de imagens são consideras como um todo, assim como isoladas. Na Alquimia, o contexto é tudo.

Alguns dos autores descrevem doze, catorze ou mesmo vinte e dois estádios da Grande Obra, mas o número mais comum é provavelmente sete. Estes sete estádios não correspondem necessária e exactamente aos sete planetas, embora tal correspondência possa ser feita.
A Alquimia, sendo uma ciência misteriosa e inexacta, tende a ser sugestiva em vez de discursiva. É também importante ter em mente que a ordem dos vários processos é quase sempre deliberadamente confundida pelos autores. Estas são duas das razões óbvias: uma é confundir o meramente curioso e profano; a outra é que esses processos não seguem necessariamente de um estádio para o outro, em caminhos predeterminados, particularmente no nível interior. Para dar um exemplo óbvio: um certo entendimento, que possa parecer óbvio a uns, pode iludir outros, considerados mais sábios. Alguns dos processos podem nem ser necessários para atingir a perfeição, embora sete estádios distintos sejam provavelmente o mínimo requerido.

Os processos e as gravuras que os acompanham, descritos nas páginas seguintes, podem ser interpretados de muitas maneiras diferentes. Nós experimentamo-los no contexto das nossas próprias vidas, altamente pessoais e subjectivas. Os meus comentários devem, assim, ser considerados apenas como sugestões que podem estimular a própria intuição do leitor. Pode fazer as correspondências que quiser, porque nenhuma é necessariamente inválida.

OS ESTADIOS DA PERFEIÇÃO

O Filósofo descobre a toca da prima materia *enterrada bem fundo no interior da montanha. A Escada do Sábio conduz ao interior do templo contendo os princípios purificados. Por cima do templo está a Fénix, símbolo da Pedra.*

Sugiro, no entanto, que as gravuras possam falar por si. Deixe as imagens interpretá-lo. Ao permitir-lhes penetrar no seu eu, elas podem animar o seu subconsciente e tornarem-se vivas nos seus sonhos e meditações para transmitir mensagens muito pessoais. Elas podem até iniciar os próprios processos que descrevem. Por isso, pode ser uma experiência muito poderosa e, de algum modo, alarmante, certifique-se que confia no processo e que permite ao espírito mover-se no seu interior.

Calcinar uma substância significa queimá-la até tudo ficar um branco de giz. Quando se alcança este estádio, a substância não pode mais ser alterada através apenas do fogo vulgar. Em alquimia, a calcinação é sempre considerada um processo de purificação.

Todas as nossas purificações são feitas no fogo, pelo fogo e com o fogo.
O Mistério das Catedrais

Calcinação

O alquimista no seu laboratório aponta para um atanor em chamas onde se processa uma calcinação. Este processo envolve a redução de uma substância a cinzas e simboliza o fogo secreto que destrói todos os aspectos da falsa personalidade. Não há qualquer escape para o ego. Se resistir, o fogo atiçar-se-á.

Um leão devora uma serpente. O leão é o enxofre, a chaga, o fogo interno da alma; a serpente é o mercúrio não refinado, o impuro, o falso espírito que enfraquece a alma e envenena o ego com egoísmo. O leão simboliza a fome da alma e a coragem e força necessárias para capturar e destruir o impostor. A serpente manhosa lutará para se salvar, culpando tudo em vez de si própria, recorrendo por fim à auto-compaixão. O fogo purificador é impiedoso, mas apenas a falsidade morre.

As cinzas contêm o sal da pedra, a chave para o próximo estádio. Isto fica patente nas duas flores que crescem no cadinho em cima da mesa. O Sol e a Lua estão sentados à mesa. Eles, também, são enxofre e mercúrio, mas refinado, sublime e harmonioso. São celestes, alma e espírito imortal. Usam uma armadura, protegendo o verdadeiro eu do alquimista, que é apenas o alado Hermes, deleitado com o progresso da Grande Obra.

OS SEGREDOS DOS FOGOS

"Fogo natural...é aquele que é alimentado com combustível e alimenta a chama. Assim, familiariza-te com os segredos dos fogos e, com os verdadeiros feitos da nossa Medicina, que facilmente conduzem aos feitos do Magistério." Mylius, Philosophia Reformata, 1622.

A DISSOLUÇÃO É A SEGUNDA MAIOR OPERAÇÃO NA ALQUIMIA DA TRANSFORMAÇÃO. É O *SOLVE* DA LEI ALQUÍMICA *SOLVE ET COAGULA* – "DISSOLVE (O CORPO) E SOLIDIFICA/LIGA/FIXA (O ESPÍRITO)". PARA O CORPO SER PERMEADO PELO ESPÍRITO TEM PRIMEIRO QUE SER DISSOLVIDO.

Dissolução

Eu tinha sede e deu-me de beber.
SÃO MATEUS 25, 35

Quando calcinamos uma planta, ficamos apenas com cinzas pálidas. No seu interior, no entanto, encontra-se o *sal salis*, o sal da terra, a matriz do verdadeiro eu. Este sal é fortemente higroscópico, sugando a humidade

HOMEM DO FOGO

"Depois o homem inflamável vai suar e tornar-se quente no fogo; Irá também dissolver o seu corpo e carregá-lo para longe através da humidade."
Daniel Stolcius, Chemisches Lustgaertlein, 1625.

do ar de que precisa para se dissolver, tornando-se numa solução poderosamente corrosiva. A água contém o fogo que permite ao sal queimar. A Dama Natureza aponta para a nascente numa rocha por debaixo das patas do leão. O veneno da serpente corroeu-o por dentro e reduziu-o a cinzas, mas a água ressuscitou-o. O Leão Verde salta gananciosamente para o Sol. Agora possui o poder para dissolver o ouro.

Nossa Senhora adverte-o, apontando para o solo, onde a água nasce por debaixo da pedra. É disto que o Leão Verde precisa para ter dentes. O homem ressuscitado aponta para a vasilha em forma de útero, que recebe a água destilada pela fornalha. Ele bebeu-a e irradia força e alegria.

O Leão Verde é o nosso Mercúrio, ainda num estádio de imperfeição. Foi iniciado, tentado pelo fogo e está ávido por mais consciência solar, a luz forte da iluminação. Mas a alma pode apenas crescer se permitir a si próprio a graça que agora lhe é devida. Nós temos de responder ao feminino: arrefecer, absorver e reflectir para dissolver.
Reduzidos a cinzas, dissolvemo-nos em lágrimas. As nossas lágrimas borrifam as cinzas incandescentes, tornando-as brancas, redimindo-nos, dissolvendo a dor. Quando já não existir dor, o processo acabou. Sobrevivemos miraculosamente; estamos nus, mas ligados à nossa alma. O amor do Universo, personificado pela Dama Natureza, veio em nosso socorro. Somos conhecidos, acarinhados. A nossa sede é satisfeita e os espíritos reavivados. Estamos habilitados, capazes de dissolver quaisquer obstáculos.

A LENDA DIZ QUE HERMES COSTUMAVA TRAZER UMA VARINHA SIMPLES ATÉ UM DIA ENCONTRAR DUAS SERPENTES EM LUTA. SEPAROU-AS COM A SUA VARINHA, À QUAL SE ENROLARAM HARMONIOSAMENTE, FORMANDO O CADUCEU. TEMOS DE NOS IDENTIFICAR COM HERMES DENTRO DE NÓS PRÓPRIOS E RECONCILIARMO-NOS.

SEPARAÇÃO

Separe o puro do impuro;
o subtil do vulgar.
DITO ALQUÍMICO

O fogo da calcinação dá lugar à água da dissolução. Agora o elemento ar toma o controlo. Um homem e uma mulher estão em conflito. O homem defende-se com uma espada e um escudo, e a mulher tem uma águia no braço, pronta para atacar o homem. Hermes separa o par polarizado, armado com um caduceu em cada mão, relembrando-os que ambos são responsáveis pela reconciliação das polaridades interiores. O que correu mal? Depois dos processos purificadores e restabelecedores da calcinação e dissolução, tudo parecia estar bem. Infelizmente, a Pedra Filosofal não se faz assim tão facilmente. Se a queda e combustão, seguido por um bom choro, fossem suficientes para atingir a iluminação, nós poderíamos ser todos adeptos na puberdade.

A separação ocorre quando os nossos espíritos e almas (ou vontades) não estão em harmonia. Depois da capitulação da dissolução, o espírito sente-se antagonizado e ataca a vontade. A solução que atingimos é corrosiva e tão afiada como a espada do homem e o bico da águia. É cáustica e ataca tudo que a contém. Mas o entulho que ardeu é insolúvel. Tem de ser separado, filtrado.

Diana aponta para o chão. Se nós, aspirantes a adeptos, estivermos para colocar as asas, então aquilo que é um obstáculo para o nosso desenvolvimento tem de ser removido, arremessado ao chão, ou irá irritar-nos, tornando-se o objecto de contenda sobre o qual as nossas almas e espíritos lutarão. A separação pode ser extremamente dolorosa, mas

a gravura mostra-nos como lidar com ela.
Temos de nos identificar com Hermes interiormente e de nos reconciliar, como o caduceu. A espada e a águia são ambos símbolos do elemento de ar, que correspondem ao intelecto, à imaginação cognitiva e à respiração. Hermes aqui avisa-nos da possibilidade das nossas mentes nos torturarem. Através da respiração e imaginação podemos resolver o nosso conflito interno. A meditação do caduceu (ver pág. 22) é verdadeiramente a solução.

O ELEMENTO ANTAGÓNICO INTERNO

"No terceiro degrau da Escada do Sábio, os quatro elementos rivais previamente mencionados e distinguidos, são separados por uma destilação rectificativa, daí ser chamado a Nossa Separação." Mylius, Philosophia Reformata, 1622.

O PAR RIVAL, SEPARADO PELO JOVEM HERMES DE ARMADURA, ESTÁ AGORA UNIDO NO MATRIMÓNIO SAGRADO PELO HERMES MATURO QUE RECONHECEMOS DO PRIMEIRO ESTÁDIO. DEPOIS DA CONJUNÇÃO, O ADEPTO É CAPAZ DE DISCERNIR O QUE PRECISA DE SER FEITO PARA ATINGIR A ILUMINAÇÃO DURADOURA, A UNIÃO COM O DIVINO.

Obtenha uma água das outras águas.
ROSARIUM PHILOSOPHORUM

CONJUNÇÃO

Enxofre e mercúrio, agora reconciliados, estão unidos em harmonia, representada aqui por um casamento. O tridente de Neptuno perfura as nuvens e um aguaceiro purifica o casal real. *Sol* e *Luna,* fogo e água, combinam-se para produzir um arco-íris, arqueado sobre os amantes, simbolizando o encontro do céu e da terra, a reconciliação. As sete cores do arco-íris representam os sete planetas em harmonia, bem como a trindade e os elementos. Na obra alquímica mineral, a chuva simboliza a lixiviação da matéria antes da aparição da cauda do pavão, a *cauda pavonis,* com a sua exibição de cores. Para o poeta italiano Dante, o arco-íris simboliza Cristo, "que nos protege a todos da inundação espiritual". A fornalha de duas cabeças é o fogo interno que destila a essência que alimenta o espírito e a alma.

O iniciado atingiu um estado de equilíbrio interno, está consciente dos princípios antagónicos no seu interior e é capaz de os equilibrar e reconciliar. Este desenvolvimento da consciência é simbolizado pelas coroas sobre as cabeças do casal. O iniciado obteve um grau de poder, mas a imortalidade do verdadeiro iluminismo ainda não foi alcançada.

UNE DE NOVO COMPLETAMENTE

Hermes une o casal, mas a sua natureza dialéctica é revelada pela sua barba dividida e com eco na cabeça com a face de Janus, sobre a fornalha. Sorri para os amantes, mas sabe que a sua união precipitará a sua morte.

NA ESPAGÍRIA, O PROCESSO DE FERMENTAÇÃO É CHAMADO "PUTREFACÇÃO". O CORPO DAS PLANTAS MORRE, OS SEUS RESÍDUOS CAIEM NO FUNDO DO RECIPIENTE. NO ENTANTO, NO PROCESSO PRODUZ-SE ÁLCOOL – O CORPO LIBERTA O SEU ESPÍRITO, QUE CARREGA A ESSÊNCIA DA PLANTA, A SUA ALMA, RESSUSCITADA PELA DESTILAÇÃO, O PROCESSO SEGUINTE NA OPERAÇÃO ALQUÍMICA.

FERMENTAÇÃO

O processo da fermentação ou putrefacção, é a "noite longa e escura da alma" do iniciado, o descer à escuridão, a morte metafísica. Este "preto mais preto que o preto" *(nigrum nigrius nigra)* é simbolizado pelo corvo.

Esta é a preparação a que chamam mudança e divisão...
ROSARIUM PHILOSOPHORUM

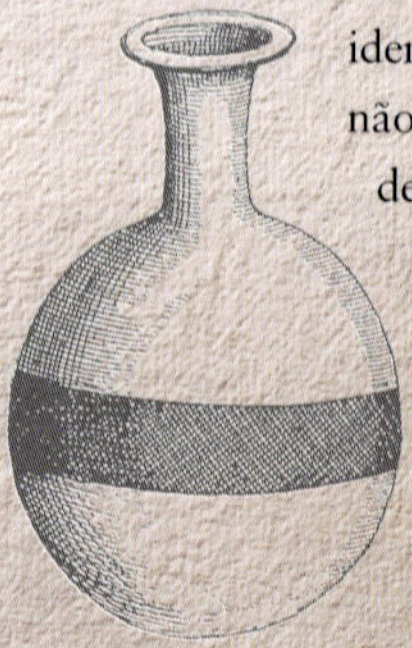

Sol e *Luna*, juntos no casamento no emblema anterior, eclipsaram-se a si próprios pela sua própria conjunção. A sua paixão em fermentação, embebida de chuva, colocou o par em fermentação, produzindo um espírito, um mercúrio filosófico, que dissolve o corpo que os continha. Ao se tornarem mais nobres através da união, perdem as suas identidades, mas não deixam inteiramente de existir: estão mortos, mas não enterrados. O esqueleto ergue-se sobre o par eclipsado. Embora desprovida de corpo e anónima, a Morte já foi ressuscitada. Os anjos controlam o processo, honrando a santidade mesmo desta cena demoníaca. Uma árvore fora derrubada, no entanto existe vida no seu interior e um novo ramo brota do seu tronco. Deste lado do rio tudo é infernalmente negro, mas na outra margem o sol brilha, o campanário eleva-se, e tudo está vivo.

Este *nigredo*, a fase negra, é a morte do Shaman, uma provação perigosa e aterradora a que o iniciado apenas sobrevive se estiver suficientemente equilibrado. Sem o equilíbrio interno atingido na conjunção, é uma presa para a esquizofrenia, amnésia, paralisia, catalepsia e mesmo verdadeira morte. Este é o tempo dos anjos da guarda. Se o iniciado mereceu os incentivos, a recompensa será uma palingenesis mística, um renascimento no qual a alma é verdadeiramente renascida com a hipótese de imortalidade.

O ESPÍRITO RENOVADO

"A destruição traz a Morte do material;
Mas o espírito renova, Tal como antes, a vida
Desde que a semente seja Putreficada no solo certo;
Caso contrário, todo o trabalho, obra e arte Terá sido em vão."
Daniel Stolcius, Chemisches Lustgaertlein, 1625.

ÁGUA DA VIDA

O alquimista de vermelho e a sua soror *mística (irmã mística) de branco usam um elegante mecanismo de destilação, em forma de caduceu de Hermes, para destilar a* aqua vitae *("água da vida").*

A destilação é um dos processos chave na Alquimia. Há vários tipos diferentes de destilação. Na Obra Inferior, o enxofre e o mercúrio são destilados para uma forma purificada e cuidadosamente armazenados, enquanto os resíduos são calcinados e filtrados para obter o *sal sulfuris,* os sais preciosos, que mais tarde são recombinados com enxofre e mercúrio. Na Grande Obra, a forma de destilação aplicada é uma circulação, um processo que ocorre no interior do alambique hermeticamente fechado. Através de um aquecimento gradual, os elementos voláteis são transmutados em ar; condensam no topo do recipiente, tornam-se água e descem de novo como lágrimas, para de novo se elevarem graças à acção do fogo para repetir o processo.

Eleva-se da Terra para o Céu e desce outra vez à Terra, combinando assim no seu interior os poderes Superiores com os Inferiores.
A TÁBUA DE ESMERALDA

Destilação

Sublimação

Desta forma, o fixo torna-se volátil e o volátil fixo. A cada circulação, a matéria é mais sublime, "combinando os poderes superiores com os inferiores." A destilação, por vezes apelidada de circulação, pode ser comparada ao movimento de uma roda: se encalhada e colocada nos eixos correctamente, cada volta da roda empurra-o rua abaixo. A Grande Obra é uma peregrinação, movendo-se lentamente, mas conscientemente em direcção ao objectivo. Pode ser necessária uma imensa paciência e fé. Já não há mais separações ou filtrações a ser feitas. Tudo é precioso e indispensável, não importa quão oneroso possa parecer, por isso nada pode ser rejeitado e tudo deve ser abraçado e integrado. Isto requer um grande amor. Os alquimistas também lhe chamam sublimação.

O corvo da putrefacção tornou-se numa pomba branca, o símbolo da fé e da paz, da alma purificada e das forças espirituais.

A ARTE DA DESTILAÇÃO FOI INVENTADA PELOS ALQUIMISTAS. LIBERTA ESSÊNCIAS VOLÁTEIS DOS SEUS LAÇOS MATERIAIS, RECONDENSANDO-AS NUMA FORMA PURIFICADA E ATRAVÉS DELA PODEMOS PURIFICAR O ESPÍRITO E A ALMA.

Aqua
ad
vite
Alem
Alembi

SOLIDIFICAÇÃO

Solve et coagula.
("Dissolve e solidifica.")
DITO ALQUÍMICO

A SOLIDIFICAÇÃO É A PRECIPITAÇÃO DO FERMENTO PURIFICADO DA DESTILAÇÃO. É CONSEGUIDO QUANDO O FOGO SECRETO DA *PRIMA MATERIA* É LIBERTADO DOS SEUS LAÇOS MATERIAIS E PURIFICADO, NO INTERIOR DO ALAMBIQUE.

O estádio final da Grande Obra é atingido quando não se podem observar mais mudanças no interior da matéria. Foi sujeito a muitas provações; purificámo-lo e demos-lhe condições ideais no interior para se tornar sublime. Agora a Pedra Filosofal foi aperfeiçoada. Já não está sujeita à mudança, mas é imutável e incorruptível. Tem uma consistência de cera, no entanto em pó, e uma qualidade cristalina. É brilhante, mas não translúcida. A sua cor combina todas as cores do Sol. Tem o peso do ouro. Tem um odor subtil, mas penetrante, misteriosamente atractivo, como se transformasse o ar em perfume dos céus. O sal da Terra e o sal do Céu tornaram-se na mesma coisa; a serpente e o leão são um. Só mudará quando projectado para o metal fundido, quando tudo se transforma em ouro, um ouro rico, macio e maleável da mais alta pureza.

O milagre aconteceu: um ser humano preocupou-se o suficiente para provar que tudo é verdadeiro e uno. O iniciado tornou-se adepto, transcendendo a sua própria mortalidade e género. A vontade do iniciado está agora em sintonia com a trindade e as suas mãos seguram o poder do Universo. O mundo foi redimido.

OURO POTÁVEL

A glória do Macrocosmos é reflectida no paraíso terreno do Microcosmos. A Árvore da Vida dá todos os frutos necessários para produzir o Elixir. Esta figura soberba celebra a perfeição do lendário Aurum *potável ("ouro potável"), personificado pela união do* Sol *e* Luna, *que aparecem na sua glória nua ante Hermes, o alquimista.*

C A P Í T U L O I V

ESPAGÍRIA

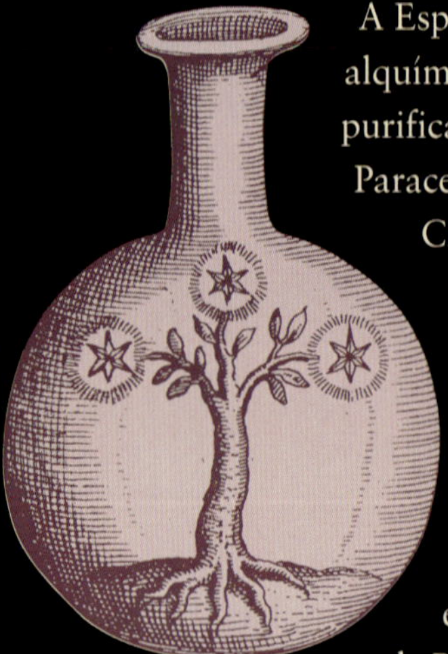

A Espagíria é um processo de produção de tinturas e poções alquímicas, nos quais ervas ou minerais são separados, purificados e depois recombinados. O processo foi criado por Paracelso, o grande curandeiro do sec. XVI (ver págs. 34-37). Criou a palavra a partir de duas palavras gregas, que significam "separar" e "recombinar".

Tradicionalmente, os alquimistas começam a sua iniciação nas práticas laboratoriais com a Obra Vegetal. Trabalhar com plantas é algo ideal para entrar no domínio da prática filosófica hermética. No início não é necessário equipamento especializado. Alguma botânica elementar e o espírito de Paracelso levar-nos-ão ao interior do mundo natural, envolvendo-nos com as criaturas naturais, pois as plantas são, na verdade, criaturas. Possuem alma, espírito e respostas emocionais, bem como vários mecanismos misteriosamente inteligentes. Muitos exemplificam a doutrina das "signaturas" (ver pág. 36), indicando, bastante claramente, através da aparência, as virtudes terapêuticas. As plantas comunicam connosco de forma subtil. Somos atraídos para diferentes flores e perfumes, indicando, assim, as nossas próprias signaturas e predisposições.

Como vimos, todas as coisas, todas as misturas, são feitas de várias proporções dos quatro elementos e são governadas nas suas respostas, a nível maior ou menor, por todos os planetas. Nas plantas, a influência de um planeta normalmente domina. Fazer Elixires dessas plantas permite-nos ingerir as energias dos planetas individuais, purificando e equilibrando as suas esferas correspondentes no nosso interior.

SATURNO O JARDINEIRO

Saturno rega o pomar com as árvores solares e lunares. Isto refere-se a um processo alquímico chamado absorção, crucial no Circulatum minus *do Barão Urbigerus. Em primeiro plano está o alquimista morávio Michael Sendivogius do sec. XVII, que realizou muitas transmutações.*

Os três princípios filosóficos de enxofre, mercúrio e sal estão claramente definidos nas plantas.

As plantas e os três princípios

Nas plantas encontramos os três princípios filosóficos claramente definidos.

Podemos distinguir a lavanda das rosas de olhos fechados, pois são diferenciadas pelo perfume que caracteriza os seus óleos de essências. Estes óleos são a essência da planta, o seu princípio do enxofre, a sua alma.

Nós chamamos espírito de álcool etílico porque é o que ele é: o princípio de mercúrio, o espírito das plantas. Todas as plantas podem ser naturalmente fermentadas. Com as condições certas, a levedura selvagem que brota das folhas e frutos começará a quebrar os açúcares das plantas, fermentando e produzindo álcool. O álcool puro é indiferenciado: ao contrário dos óleos das essências é igual em todas as plantas. Não possui *signatura* individual, pois o espírito é anónimo. É o sopro da vida igual em todas as coisas, embora com veículos diferentes. No reino das plantas, o seu veículo é o álcool etílico.

O princípio do sal, ou corpo, nas plantas encontra-se nos sais alcalinos solúveis em água que residem no interior dos tecidos das plantas. Estes têm de ser extraídos e purificados para "ressuscitar" a planta.

Ao extrair, purificar e recombinar a alma, o espírito e o corpo da planta, nós sublimamo-la, elevando os seus poderes a um nível superior. O elixir resultante, quando ingerido, é capaz de ressoar no nossos espíritos, almas e corpos. Os medicamentos, não preparados desta forma, são invariavelmente privados de um dos três princípios.

A ESPIRAL DOS CÉUS

A natureza provoca a espiral da esfera dos céus, no centro do qual está a Terra, sob influências celestiais.

Paracelso ensinava que os corpos antigos e secretos do conhecimento deviam ser encontrados "no zimbro, na erva-cidreira, na tintura, no ácido sulfúrico e no sal" e, é nesta crença, que assenta a fé nas plantas como "medicamentos para a alma".

Os sete elixires planetários

Vamos fazer sete tinturas espagíricas, uma para cada planeta e dia da semana. São necessários os seguintes materiais:

- um guia de campo das flores e plantas silvestres para ajudar na correcta identificação
- um livro sobre medicina natural para se certificar que não faz nada venenoso ou contra-indicado
- um almofariz grande
- 250ml de espírito de vinho, por exemplo, brandi ou *cognac*
- pelo menos dois frascos grandes em vidro, o maior com 10-12cm de largura e pelo menos com o dobro da altura
- um funil, preferencialmente de vidro
- filtros de café ou algodão absorvente
- um tacho de cerâmica, resistente a altas temperaturas, com capacidade pelo menos para um litro
- uma máscara (opcional)
- uma colher de aço
- um fogão de campismo a gás
- 1,5 litros de água destilada
- um frasco ou garrafa de vidro, preferencialmente de vidro escuro

O INÍCIO DO TRABALHO

A Obra começa com a morte dos planetas separados (em cima no centro); em harmonia com as estrelas, representadas pelos signos do Zodíaco, os planetas estão unidos na sua dança em redor do ressuscitado Sol. Na face do Sol, os símbolos de Leão (o leão) e ómega (o final) espelham-se um ao outro.

JOHAN-DANIELIS MYLII
Philosophiæ et Medicinæ
Doctoris,
ANATOMIA AURI,
sive
TYROCINIUM MEDICO-
CHYMICUM.
FRANCOFURTI,
Sumptibus LUCÆ JENNISI.
Gloria ac Divitiæ infinitæ
Longitudo dierum et sanitas

O ELIXIR DE SATURNO

SATURNO É O GUARDIÃO DA ENTRADA ENTRE O MATERIAL E O ESPIRITUAL, ONDE A ETERNIDADE SE TRANSFORMA EM TEMPO E ESPAÇO, ONDE SE INICIA A DESCIDA PARA A MATÉRIA.

Deveremos começar num sábado, o dia de Saturno, pois esta é a nossa esfera interior que deve ser purificada em primeiro lugar. Sem uma relação equilibrada com Saturno, estamos sujeitos a depressões, acidentes e excentricidade.

Primeiro precisamos de escolher uma planta governada por Saturno (ver correspondências nas págs. 80-81). Se encontrarmos uma silvestre, numa área despoluída, tanto melhor. Uma erva ideal e típica de Saturno é Equisetum arvense, largamente distribuída e fácil de identificar, conhecida como cavalinha ou rabo-de-cavalo. Como a

O LORDE DAS ESTAÇÕES

O milho, abrigado por árvores altas, cresce direito e alto. Saturno está estritamente relacionado com as plantas e agricultura, sendo o responsável pelo ciclo das estações. O ceifeiro celestial colhe o milho com a sua foice.

sua *signatura* sugere, ter uma aparência esquelética e articulada, é óptimo para manter os ossos intactos. Qualquer que seja a planta, devemos identificá-la cuidadosamente e familiarizarmo-nos com as suas propriedades num bom livro sobre o assunto.

A colheita

1. Colha cerca de 2 kg da planta num bonito sábado de manhã, depois do orvalho ter secado e quando a planta estiver na sua juventude. O período da Lua Cheia é normalmente o melhor, quando a sua vitalidade se encontra no caule e nas folhas, com a seiva a correr. Nunca apanhe demasiado num só local e faça-o grato, tendo em consideração o bem-estar da espécie. Quanto mais contacto estabelecer com a planta melhor.

Secagem e trituração

2. A matéria da planta colhida deve agora ser cuidadosamente seca ou *dissecada*. Muitas plantas, na verdade, melhoram as qualidades depois de secas, pois apenas perdem água, o que permite a maior concentração de tintura. No sábado seguinte, reduza-a a pó num almofariz com o pilão. Antes de iniciar a tarefa, que pode ser bastante cansativa, medite no que vai fazer e porquê. Atraia energia positiva e focalize-se. Comece por ralar a erva metódica e cuidadosamente, sendo eficiente com a sua energia. (Pode ser necessário usar uma máscara para evitar respirar demasiado pó.) Pode não conseguir ralar os caules maiores, pondo-os de lado. Coloque 250 gr da erva ralada num frasco em vidro e sele-o hermeticamente. O restante, incluindo algum caule, pode ser colocado num saco de papel e mantido num local seco.

Maceração

3. A maceração, a fase seguinte, deve ser realizada no primeiro sábado do quarto crescente. Tente acordar de madrugada e começar logo após o nascer do Sol, tendo previamente meditado e armazenado bastante calma e energia positiva. Coloque as 250 gr da planta, guardada no

CORAL

"Também a Pedra, tal como o coral, cresce debaixo da água e endurece ao ar.
O coral deve ser seco antes de se extrair a sua tintura."

Gravura 32 da Atalanta fugiens, Michael Maier, 1618.

frasco de vidro, num frasco maior (com 10-12 cm de diâmetro) e pelo menos com o dobro da altura. Lentamente, deite o espírito de vinho, parando de vez em quando, para permitir à planta a absorção. Pare assim que o pó esteja coberto de líquido até 6 mm. Sele o frasco hermeticamente, de forma que o selo de Hermes não deixe o ar entrar ou sair. O espírito do vinho retirará os princípios de enxofre e mercúrio da planta, libertando a sua alma e espírito.

Maceração e circulação

4. Coloque o frasco numa caixa de papelão e coloque-a num local quente, deixando a mistura macerar por duas semanas. Gotinhas de álcool condensar-se-ão nas bordas do jarro, escorrendo de novo para baixo, tal como na circulação.

Filtragem

5. Duas semanas depois, num sábado, *filtre* a tintura para um frasco ou garrafa limpa (preferencialmente de vidro escuro), usando um funil de vidro forrado com filtros de papel (serve um filtro de café) ou algodão absorvente. Depois de completamente filtrada, sele o frasco ou garrafa e coloque num local fresco, escuro e seguro. Coloque os resíduos numa cafeteira de barro resistente ao calor.

Calcinação

6. A próxima fase é o chamado processo da calcinação. Deve ser feito no exterior, porque envolve a combustão dos resíduos da planta, que produzem fumo irritante. Coloque o fogão de campismo no chão num local abrigado. Acenda-o e coloque-o no máximo. Coloque ao lume a cafeteira com a matéria da planta (incluindo a grande parte que não foi macerada). A matéria da planta começará a libertar fumo e a ficar preta. Mexe-a com uma colher de aço. Quando deixar de deitar fumo e estiver tudo preto, desligue o fogão.

7. Reduza os restos queimados da planta a pó no almofariz com o pilão. Coloque-os de novo na cafeteira. A calcinação pode continuar no interior. Calcine ("ficar branco") até tudo se transformar numa cinza clara.

A ALEGORIA DO REI

O rei nada no mar, gritando alto: "Quem me salvar, obterá uma grande recompensa." A alma/enxofre/essência tem de ser cuidadosamente extraída e preservada.

Solução e separação

8. Adicione 1 litro de água destilada às cinzas frias da planta calcinada, coloque uma tampa e faça ferver a *solução* lentamente. Após vinte minutos, desligue o fogão e deixe arrefecer o líquido. Filtre depois a solução de água e cinzas para uma tigela ou garrafa. As cinzas não-dissolvidas são conhecidas como *caput mortuum*, ou cabeça morta. Separou a matéria essencial das impurezas e pode deitar ao lixo as cinzas, se o desejar.

Purificação

9. Limpe a cafeteira em barro e volte a deitar a solução filtrada lá dentro. Aqueça-a gentilmente, não deixando ferver. A solução vai evaporar-se gradualmente deixando sais alcalinos e solúveis. Estes são os *sal salis*, o sal do sal. Quando os sais estiverem completamente secos, ponha o lume no máximo, tape-os e calcine-os pelo menos uma hora. O sal salis forma cristais brancos quando é puro, mas provavelmente vão necessitar de outra purificação. Adicione uma chávena de água destilada ao sais depois de frios, aqueça gentilmente a mistura, e mexa até tudo estar dissolvido. Arrefeça e filtre e, depois evapore e calcine, como anteriormente. Repita o processo até os cristais estarem uniformemente brancos (ou rosa muito claro).

Coobação

10. Quando os sais estiverem purificados, coloque-os num frasco grande de maceração (num sábado) e cuidadosamente deite por cima a tintura. Através da coobação, os três princípios estão de novo unidos numa forma purificada. Feche hermeticamente o frasco e coloque-o num local quente e escuro. Passadas duas semanas, deite cuidadosamente a tintura espagírica numa garrafa em vidro escuro com um tamanho apropriado (a garrafa deve estar cheia ou quase cheia) e sele-a bem (talvez com uma rolha de vinho esterilizada). Notará que o aroma da tintura modificou-se ligeiramente, bem como a sua cor. A tintura espagírica está agora pronta. Tome sete gotas na água ou vinho três vezes ao dia, começando no primeiro sábado de Lua Nova.

INSTRUMENTOS DA ALQUIMIA

Regular o calor é crucial num laboratório. Vemos aqui vários atanores diferentes, que fornecem diferentes graus de calor, incluindo um de areia ou água (a que se chama banho-Maria em honra de Maria, a Judia).

A palavra "elixir" é uma das palavras mais ambíguas em alquimia. O seu significado vai de "espírito vital", "princípio essencial", ou quinta-essência, a mercúrio e "poção para uma vida longa" ou pedra filosofal.

Os outros elixires planetários

Agora pode começar a preparar os outros seis elixires planetários – Júpiter, Marte, O Sol, Vénus, Mercúrio e A Lua. Podem ser preparados ao mesmo tempo que o elixir de Saturno.

Para escolher as ervas medicinais com que deseja trabalhar consulte as correspondências de cada planeta (págs. 78 a 91). Para o caso de não ter a certeza de qual escolher, seguem-se algumas recomendações.

espinheiro

amor de hortelão

alcaravia

erva-cidreira

scutellaria galericulata

leonorus

rabo-de-cavalo

alecrim

O elixir de Júpiter

A erva-cidreira é tradicionalmente usada no elixir de Júpiter. Se não a encontrar silvestre, pode plantá-la, pedir a um amigo que lhe dispense alguma ou comprá-la seca numa boa ervanária.

O elixir de Marte

O espinheiro (as flores, folhas novas ou as bagas) e raízes de urtigas secas (arranque-as durante o Quarto Minguante) são uma boa escolha para este elixir.

O elixir do Sol

O alecrim é o ideal para o elixir do Sol.

O elixir de Vénus

A alquemila ou a leonorus são uma boa escolha para o elixir de Vénus. A última (cujo nome latino é *Alchemilla*, o ("pequeno alquimista") pode ser plantada facilmente no jardim.

O elixir de Mercúrio

Pode-se usar *Scutellaria galericulata*, alcaravia, manjerona ou orégãos para o elixir de Mercúrio.

O elixir da Lua

Aconselha-se o amor-de-hortelão na preparação do elixir da Lua, mas deve ser usada fresca. Senão conseguir arranjá-la, pode usar casca de salgueiro ou as bagas da árvore da castidade.

Tomar os elixires

Quando o elixir de Júpiter estiver pronto, continue a tomar o elixir de Saturno, mas apenas aos sábados. Comece a tomar o elixir de Júpiter na primeira quinta-feira da Lua Nova seguinte, tomando-os segundo a ordem dada em baixo, a correcta.

Pontos-chave a lembrar

Em todas as operações herméticas, é importante lembrar alguns pontos-chave.

1. Adquira energia através da oração, meditação ou exercício antes de trabalhar. É importante estar calmo, mas concentrado, para evitar cometer erros e para receber introspecções profundas da natureza da obra.
2. Certifique-se sempre que os utensílios estão limpos. Os objectos de vidro devem ser passados por água destilada (ou água da chuva) e completamente secos.
3. As plantas devem ser devidamente identificadas e apanhadas na altura certa ou compradas numa boa ervanária.
4. Certifique-se que trabalha com plantas específicas nos dias correctos. Isto ajuda a concentrar energias planetárias dentro do elixir.

GLOSSÁRIO

ALBEDO *O estádio "branco" da Grande Obra. Quando é alcançado, a matéria é ressuscitada e funciona como um elixir intensificador da vida. É muitas vezes simbolizado pela Rainha Branca, o Leão Branco ou a Lua de prata.*

ANDRÓGINO *Ao contrário de Hermafrodita, é um ser humano (ou, em termos alquímicos, uma substância) privado de características masculinas e femininas.*

APOLÓNIO DE TIANA *lendário mago do sec. I, com reputação de ter descoberto a Tábua de Esmeralda numa câmara mortuária.*

BASÍLIO VALENTIM *Pensa-se ser um pseudónimo de um autor de obras alquímicas. Supõe-se ter sido um monge beneditino do início do séc. XV. As suas obras mais influentes são The twelve Keys (1599) e The Triumphal Chariot of Antimony (1604).*

BIZÂNCIO *O antigo nome grego de Istambul, a antiga capital do Império Romano do Oriente.*

CAUDA PAVONIS *A "Cauda do Pavão". Um dos estádios da Grande Obra caracterizado pela exibição iridescente de cores. É sempre um bom pronuncio no progresso para a Pedra Filosofal.*

CHI *Conceito chinês de energia livre ou força de vida da atmosfera, comparável ao conceito alquímico de fogo secreto ou cósmico.*

DAO OU TAO *Literalmente "a Via" O conceito central do Taoismo, uma Filosofia Oriental baseada nos ensinamentos de Lao Tse. A Alquimia chinesa tem as suas raizes no Taoismo.*

FICINO, MARSILIO *Intelectual e filósofo italiano do séc. XV, cujos conceitos de magia natural derivavam principalmente do neo-platonismo e que influenciou o esoterismo renascentista.*

GNOSTICISMO *Uma Filosofia religiosa baseada no conceito de gnose, uma crença na ligação espiritual directa entre o Homem e Deus, acessível através da libertação da faísca divina encurralada na matéria.*

LIGA CATÓLICA *Uma aliança de domínios pertencentes ao Império dos Habsburgo, que representavam a Contra-Reforma da Igreja Católica Romana. Com a derrota do exército protestante de Frederico, Rei da Boémia em 1620, inicia-se a Guerra dos Trinta Anos entre Católicos e Protestantes, a mais sangrenta na Europa até à I Guerra Mundial.*

NEO-PLATONISMO *Um sistema filosófico do séc. III inspirado nas obras de Platão, Pitágoras, Aristóteles e outros elementos esotéricos. Influenciou bastante o pensamento europeu até ao séc. XIII e de novo na Renascença.*

NIGREDO *O estádio"negro" da Grande Obra. Um processo destrutivo, mas purificante associado com a morte filosófica anterior à ressurreição.*

NUMEROLOGIA *O estudo místico dos números que se centra nas qualidades inerentes e não na quantidade dos números.*

PRANA *O equivalente indiano ao Chi (ver em cima), uma derivação da Filosofia Hindu do Ioga.*

RUBEDO *O estádio "vermelho" da Grande Obra, uma indicação que a Pedra Filosofal foi aperfeiçoada com sucesso. A matéria resultante também é chamada o Leão Vermelho ou Pó Vermelho*

TEMPLÁRIOS *Uma ordem religiosa militar fundada no início do séc. XII para defender as rotas de peregrinação para Jerusalém.*

Leituras recomendadas

Albertus, Frater, *The Alchemist's Handbook*, Red Wheel/Weiser 1987

Boehme, Jacob, *Signature of all Things*, Kessinger Publishing Company 1969

Burckhardt, Titus, *Alchemy: Science of the Cosmos, Science of The Soul*, Fons Vitae 1967

Eliade, Mircea, *The Forge and The Crucible*, University of Chicago Press 1979

Evola Julius, *The Hermetic Tradition: Symbols and Teaching of the Royal Art*, Inner Traditions International Ltd 1994.

Fulcanelli, *The Mistery of the Cathedrals*, Aims International Books 1982

Fulcanelli, *The Dwellings of the Philosophers*, Archive Press and Communications 2000.

Holmyard, E.J., *Alchemy*, Dover Publications 1957.

Johnson, K.R., *The Fulcanelli Phenomenon*, Spearman (Jersey) 1980

Jung, C.G., *Psychology and Alchemy*, Princeton University Press 1980.

Junius, Manfred M., *The Practical Handbook of Plant Alchemy*, Robert Heard 1993.

Klossowski de Rola, Stanisla, *Alchemy: The Secret Art*, Thames &Hudson 1973.

Klossowski de Rola, Stanisla, *The Golden Game*, Thames & Hudson 1988.

McLean, Adam, *The Alchemical Engravings of Mylius*, Magnum Opus Hermetic Sourceworks 1984.

McLean, Adam (introduction and commentary) & Godwin, Joscelyn (translation), *The Chemical Wedding of Christian Rosenkreutz*, Magnum Opus Hermetic Sourcebooks 1991.

Waite, A.E. (ed), *Hermetical and Alchemical Writings of "Paracelsus" the Great*, Kessinger Publishing Company 1992.

Pernety, Antoine-Joseph, *The Great Art*, 1995

Read, John, *From Alchemical to Chemistry*, Dover Science Books 1961.

Roberts, Gareth, *The Mirror of Alchemy*, University of Toronto Press 1994.

Sites recomendados

www.levity.com/alchemy
O website da Alquimia tem noventa megabytes de informação grátis, artigos, transcrições de textos originais e galerias com centenas de emblemas alquímicos coloridos por Adam McLean, o mais famoso estudioso de Alquimia.

http://planeta.clix.pt/petrinus
O alquimista português Rubellus Petrinus explica excelentemente a Alquimia laboratorial para aqueles que querem desenvolver a sua técnica.

www.paxprofundis.com/parush/index.html
O alquimista Garret põe à disposição artigos, textos originais e notas laboratoriais úteis.

www.triad-publishing.com/index.html
O site dos filósofos da Natureza oferece excelentes cursos de espagíria e cabala.

www.spagyria.com
Este é o site de John Reid III, espagírico e filósofo.

ÍNDICE

Os números das páginas em *itálico* referem-se a ilustrações.

CRÉDITOS

A Quarto gostaria de agradecer às seguintes fontes das figuras reproduzidas neste livro:

Art Archive/Dagli Orti 57

The British Library (Harley Ms 3469, manuscrito de Spendor Solis, Solomon Trismosin, sec. XVI) 81,83 85, 87, 89, 91, 93

Adam McLean pelas suas gravuras e emblemas coloridos à mão, 7, 8, 11, 13, 14, 16-17, 18, 24, 27, 29, 31, 33, 34, 37, 39, 40, 44, 45, 47, 49, 51, 53, 55, 59, 61, 62, 65, 67, 69, 71, 73, 77, 79, 95, 97, 98, 101, 102, 105, 107, 108.